이 책은 유명을 달리한 김휘중 님의 후원으로 출간되었습니다.

만 개의 태양
The Light of Ten Thousand Suns

스와미 웨다 바라띠 지음
윤규상 옮김

아힘신
AHYMSIN Publishers, Korea

옮긴이 **윤규상** 서울 출생. 한국외국어대학교 영어과 졸업. 현재 전문번역가로 영성, 환경, 경제와 관련된 책을 주로 번역하고 있다. 번역한 책으로는 『헨리 데이빗 소로우』, 『소로우의 일기』, 『우리는 너무 오래 숲을 떠나 있었다』, 『마이크로하우스』, 『노스트라다무스의 진실』, 『화성남자 금성여자의 사랑의 완성』 등이 있다.

The Light of Ten Thousand Suns by Swami Veda Bharati
ⓒ1988 Yes International publishers All rights reserved

Korean Translation Copyrightⓒ 2007 by AHYMSIN Publishers, Korea
Korean Translation Edition Published by Arrangement with
Yes Internationnal Publishers Through PubHub Literary Agency.

만 개의 태양 The Light of Ten Thousand Suns

초판 1쇄 인쇄 2007년 2월 10일
초판 1쇄 발행 2007년 2월 15일

지은이　　스와미 웨다 바라띠
옮긴이　　윤규상
펴낸이　　최경훈

펴낸곳　　아힘신
　　　　　AHYMSIN(Association of Himalayan Yoga Meditation Societies International, Korea)
등록　　　2007년 1월 23일(제419-2007-000002호)
주소　　　강원도 원주시 일산동 358-34 선화빌딩 2층
전화　　　033-748-2969
이메일　　ahymsin@heartcare.yonsei.ac.kr
홈페이지　www.himalayayoga.org

북디자인　디자인명작

ISBN　　 978-89-959194-0-8　03840
※책 값은 뒤표지에 있습니다.

공급 및 주문처 : 도솔출판사　TEL. 02-335-5755　FAX. 02-335-6069

헌사

　　박애정신을 지니신 현자들, 우리의 스승님들께, 우리에게 철학을 베푸시는 분들께, 수천 수백 년 전에 탄생하시어 우리 시대까지 건너와 우리들을 불러내 시간 여행을 하도록 해주신 분들께, 아직 장난감을 갖고 노는 어린 우리들을 성숙된 어른으로서 자비롭게 굽어살피시는 분들, 종교와 무관하게 성자님들께 경의를 표합니다.

　　수천 년 동안 덕이 쇠할 때마다 말씀이 육신이 되어 이 땅에 내려와 여러 고장에서 여러 언어로 말씀을 전하신 신의 강생(降生)에 경의를 표합니다. 그분들은 그 말씀을 어디에서나 널리 전파하셨고, 그로 인해 우리들은 시간과 문명의 심연을 건너뛰어 지금 이 자리에서 직접 그분들의 말씀을 듣습니다. 그분들이 인류 전체의 몸속을 도는 생명력이자, 우리 의식의 참된 고향이고, 우리들의 유일한 빛으로 뚫고 들어오는 빛나는 태양입니다. 그분들께 경의를 표합니다.

  그분들의 삶이 우리들이 읽어야 할 유일한 성공담이고, 우리들 꿈의 유일한 원형입니다. 그분들이 계시지 않았으면 우리들이 인류의 일원이라는 게 아무 의미가 없을 겁니다. 그분들이 계시지 않았으면 야수의 뿔처럼 깨어지고, 오갈 데 없는 계곡에서 찢겨나갔을 겁니다. 그분들로부터 지혜의 파동, 말씀의 파동, 참 나를 받드는 믿음의 파동이 전해져옵니다. 그분들의 내면에서 바로 우리들 자신의 신성한 참 나가 나타났기 때문입니다. 우리들은 명상 이전에 먼저 그분들을 받들어야 합니다. 과거, 현재, 미래에 속하는 모든 스승님들께, 모든 세상에 속하는 성자님들께 우리들의 명상을 바칩니다.

히말라야의 스와미 라마 스승님
발밑에 엎드린
스와미 웨다 바라띠

차 례

헌사	5
책 머리에	8
편집자의 글	15
태양의 노래	19

1부
태양빛에서 온 불씨들	25
힘에 관한 이야기와 우화	57
마음과 호흡	83
명상	103
샥띠와 시바의 결혼	121
브라만	151

2부
여러 골짜기와 산들	159
내 사랑하는 무한이여	189
충만의 노래	203

에필로그 태양의 침묵   225

주석   229

책 머리에

> 이 시인의 시구에서 사람들은 여러 의미를 찾아내고 즐거워하지만 그 모든 의미를 한 마디로 줄여 말하면 바로 '님' 입니다.
>
> —타고르

베다에는 "신의 시를 보라. 그것은 영원히 썩지 않고 사라지지 않는다."라고 쓰여 있습니다.[1] 인간의 생각으로는 전 우주를 수놓은 신의 시(詩) 끝자락을 잠시 스칠 수 있을 따름입니다. 수를 놓는 실 수뜨라마(Sutrama)$^{sutra:실}$는 모든 영혼을 꿰뚫고 지나갑니다. 염주 알들을 엮어주는 실과 마찬가지로 모든 영혼을 엮어주는 그것을 가끔씩 어느 한 영혼이 감촉합니다. 이 순간의 감촉을 우리는 영감이라 부르고, 이럴 때 생각이 적절한 말을 찾아 시가 되는 것입니다.

특정 문학 장르를 의식하면서 여기 실린 글들을 쓰지는 않았기에, 많은 글귀들이 낯설게 들릴지 모르고, 어떤 단어들은 사전에 풀이된 뜻과 다른 생각들을 담고 있을지 모릅니다. 또 운율에 맞춰 쓴 글도 아닙니다. 나 개인의 일기에서 추려 엮은 이 책은 무의식 상태에서, 어떤 경우에는 초월의식에서 쏟아져 나온 생각들로, 사실 글의 일상적인 의미를 넘어서고자 하는 이들을 위한 책이라고 해야 좋을 겁니다.

이 책의 1부를 이루는 가르침들은 구루(스승)의 은총에 힘입은 것으로, 태양의 길을 걷고자 하는 모든 이들에게 들려드리는 말씀입니다. 2부에서는 절망과 동경에 대해, 다시 말해 영혼의 어두운 밤과 태양빛을 쬐는 충족감에 대해 들려드립니다.

이 책을 엮으면서 이 영감과 명상의 글들을 창작한 순서대로 싣지는 않았습니다만, 과거를 돌이켜볼 때 대략 세 시기로 구분해볼 수 있지 않을까 생각합니다. 첫째 시기는 1954년과 1965년 사이의 기간으로, 이 기간 막바지에 "성모시여, 저는 당신을 저버렸습니다!"를 쓴 것으로 기억합니다. 그 후로는 거의 어떤 글도 쓰지 못하고 있었습니다. 그러다가 1970년에 성모께서 다시 나를 찾아오셨습니다. 그 당시 내가 지내던 곳은 성모께서 찾기 어려운 곳이어서 전혀 기대도 하지 않고 있을 때였습니다. 그 뒤로부터 다시 두 번째 시기에 속하는 글들을 쓸 수 있었습니다. 두 번째 시기에 속하는 대표적인 글들을 들라면 "충족의 노래들"을 꼽겠습니다. 이 이외에도 이 책에는 1985년과 1986년에 쓴 명상의 글들이 다수 포함되어 있습니다.

　　이제 태양과 관련해서 생각나는 대로 몇 마디만 하겠습니다. 일곱 살일 적에 부친께서 스와미 라마 띠르따[2]의 가르침을 담은 책 한 권을 주셨고, 나는 그 책에서 "보라, 태양이 내 두려움 가운데 떠오르고 있다"라는 시를 읽고 큰 감명을 받았습니다. 일 년쯤 뒤에 다시 부친의 권유로 널리 알려진 힌두교 잡지 「깔랸(Kalyan)」에서 요가를 다룬 한 기사를 읽게 되었습니다. 성도(聖都) 바라나시(Varanasi)의 스리 고삐나스 까위라즈(Shri Gophinath Kaviraj)는 20세기 가장 뛰어난 학자 겸 현인이면서 태양 과학과 탄트라 경전의 비전(秘傳)을 전수받은 분으로, 그분은 그 기사에서 전 우주를 하나의 태양 장(場)으로 보고, 태양 에너지가 다양한 차원에서 유형무형의 현실을 이룬다고 말씀하셨습니다. 그로 인해 나는 인도를 위시한 동양 제국(諸國)의 위대한 왕들이 태양 선조설(先祖說)을 주장한 까닭은 그와 같은 영적 신비를 선조들로부터 전수받았다는 사실을 말하기 위함이었다고 굳게 믿게 되었습니다.

    열한 살일 적에는 3500년 내지 4000년 동안 인도 브라만 가문에 의해 구전되어 온 베다의 찬가 중에서 태양과 새벽을 노래한 찬가들을 암송할 수 있었습니다. 스물을 갓 넘어서는 B.C. 13세기 종교 개혁자였던 이집트의 왕 아케나톤(Akhenaton)의 태양신 라(Ra)에 대한 찬가도 베다의 현자들과 동일한 영적 밀실에서 울려나온다고 생각했습니다. 베다의 현자들은 태양이 황금 손을 지녔고 천지간(天地間)에 움직이는 모든 것들과 움직이지 않는 모든 것들을 지켜보는 신의 외눈(眼)이면서, 그 누이인 밤이 빛에 굴복한 뒤 떠오르는 새벽아이라고 노래했습니다. 인도의 브라만들은 날마다 세 번 다음 구절을 암송합니다.

    우리 스스로에게 순응하며
    태양의 아름다운 광채를 명상하나니
    태양이시여, 우리에게 지혜를 불어 넣어주시길.

    인도의 브라만은 이 노래의 의미를 전수받기 시작하면서부터 두 번 태어나는 지위와 더불어 신성한 경전들을 공부해서 인가받을 권리와 의무를 갖게 됩니다.

　　신비가들과 성자들은 이 황금 자궁[3]이 요가의 유일한 스승이라고 늘 말해 왔고, 빛에 대해서도 끊임없이 관심을 기울여 왔습니다. 사실 그들이 빛에 관심을 갖게 된 연유를 살펴보면 시인들이 환상 가운데서 빛을 보고 빛의 찬가를 남기면서부터입니다. 리그베다 경전 하나만 보더라도 시인들이 남긴 빛의 찬가가 삼백일곱 편이 됩니다. 바그바드기따에서는 크리슈나 신이 소스라치게 놀란 아르쥬나(Arjuna: 힌두교 서사시 「마하바라따」의 주인공)에게 자신의 모습이 온 우주를 덮고 있고, "만 개의 태양이 하늘에 떠 있는 것보다 밝음"을 보여주었기에, 크리슈나가 "나는 태양(Vivasvat)에게 이 요가를 가르쳤다"라고 말한 게 하나도 이상할 것이 없습니다. 비바스바뜨(Vivasvat)는 마누(Manu)의 부친으로, 인간의 원형이며 명상에 사용되는 모든 기도의 화신입니다.

　　요가 경전에 나오는 다수의 모호한 글귀들은 모두 요가의 태양 분파와 관련이 있고, 대부분의 학자들은 그 모호성을 의도적인 것으로 보고 있습니다. 나는 어린아이였을 적에 명상을 하게 되면 햇빛 한 줄기가 간절하나 하잘 것 없는 내 영혼을 늘 어루만져주리라고 생각했었습니다. 그러나 사실 돌이켜보면 좀 지나친 소망이 아니었나 하는 느낌을 갖습니다.

여기에서도 나머지 이야기들은 의도적으로 모호하게 남겨놓아야 하는 바, 여러분이 지금 성스러움에 이르려 한다면 여러분의 영혼이 이 신비를 풀어야 하지만 이 또한 어쩔 수 없는 일입니다.

    히말라야에서 온 내 스승의 생각이 이 책에 표현되어 있습니다.[4] 여러분들이 이 글을 읽으면서 숭고하다고 느끼게 될 것들은 모두 히말라야의 현자들에게서 나왔고, 결점은 모두 나 자신에게서 나왔습니다.

    감사드립니다. Surya-namaskara

그들이 날마다 태양에 대한 경배를 행하기에
태양도 그들을 사랑합니다.
그 사랑, 무형의 제물(祭物)로
그들 안에 내리비칩니다.
그들이 가꾼 제물은
태양의 말씀이 빛으로 오도록 돕는
삿된 마음 한 톨 없는 일꾼들

한 아이로서 태양 궁궐의 지체 낮은 한 시종으로서
이 일꾼들의 이름을 불러 깊이 감사드립니다.
랄리따 아리아, 마이클 스미스,
더크 마레르만.

태양빛을 반사해
많은 이들을 비출 수 있는
맑은 거울을 하나 갖게 해준 많은 분들께도
고마움을 표하니 받아주소서.

스와미 웨다 바라띠

편집자의 글

　　여기 모아놓은 영감과 명상의 글들은 유례를 찾기 어려운 글들입니다. 스와미 웨다는 현재 살아있는 히말라야 요가 전통의 가장 위대한 영적 안내자의 한 사람일 뿐 아니라, 대단히 조예 깊은 산스끄리뜨[sanscrit 인도의 고어. 범어라고도 함.] 학자이기도 합니다. 저자의 이 두 가지 면이 이 책을 펴낼 때 즐거운 도전으로 다가왔습니다. 독자들은 이 책에 실린 글을 얼핏 보고 나서 '아, 아름답고 감동적이며 유익한 글이구나' 하는 정도로만 생각할지 모르나, 이 책에 실린 글 대다수가 실은 힌두 전통의 수많은 산스끄리뜨 경전에 대한 폭넓은 지식에서 유래하는 것이기도 하기 때문입니다. 이 책 마지막에 실린 주(註)를 살펴보면 이 글들의 영적, 학문적 연원이 얼마나 깊은지 알 수 있습니다.

이 책에 실린 모든 글들의 중심 이미지와 주제는 태양으로, 들어가는 글에 쓰여있듯 베단타 철학과 결합된 태양과학과 딴뜨라[Tantra 요가 비전(秘傳)]에 등장하는 바로 그 태양입니다. 이 책 전체의 시작하는 시라 할 "태양의 노래"는 이 영감의 글들이 문자 그대로 태양에서 유래하고, 태양에서 빛으로 뻗어 나와 스와미 웨다에 이르러 비로소 언어의 형식을 갖추게 되었음을 전해줍니다. 인도에서는 수천 년에 걸쳐 많은 학파와 접근 방법이 생겨났지만, 태양과학이든 딴뜨라든 어떤 형태든 간에 모든 베다의 길은 초월의식에 도달하는 데 그 목적이 있습니다.

　　주로 영감을 불러일으키는 산문시들로 이루어진 이 책의 1부는, 요가의 주 다섯 종파인 까르마, 박띠, 지아나(즈냐나), 꾼달리니, 라자 요가를 통해 현재 우리에게 전해져 온 상키아학파(인도 六派 철학의 하나)와 요가학파 철학에 속하는 베다 스승들의 영원한 가르침을 들려줍니다. 라자 요가 그 자체에 모든 요가의 양상들이 포함되어 있고, 빠딴잘리[BC 2000년경 요가수뜨라의 저자] 요가수뜨라에 그 모든 양상들이 집대성되어 있습니다.
　　"태양빛으로 되살아나는 불씨들"이라고 이름붙인 1부의 가르침은 바로 이 라자 요가에 바탕을 두고 있습니다. 이 감동적인 명상의 글들은 스와미 웨다와 라자 요가 전통이 기독교인이든, 수피교도이든, 불교도이든 진정한 깨달음에 이르고자 하는 모든 이들을 포용하고 있음을 분명히 보여줍니다. "힘에 관한 이야기와 우화"에서는 베다 스승들의 가르침을 다시 이어받는 동시에, 고대 산스끄리뜨 경전의 상당히 많은 부분이 어떻게 해서 이야기로 이루어질 수 있었는지 이해하도록 도와줍니다. 그리고 명상의 요가로 일컬어지는 라자 요가는 물론이고 모든 전통에서 명상이 가장 기초적인 수행방법인 까닭에, 명상 철학과 수행 방법을 다룬 글들은 "마음과 호흡", "명상"으로 따로 묶어 놓았습니다.

"샥띠여성적인 힘(energy)와 시바남성적인 힘의 혼인"에서는 딴뜨라 요가와 라자 요가에서의 꾼달리니뱀처럼 꼬여있는 힘(power), 척추의 기저부에 있으며 명상수련을 통해 숨어있던 에너지가 척추와 수슘나 통로를 통해 각성된다 가르침들을 주로 다루고 있습니다. 그리고 일반 독자들도 쉽게 읽을 수 있도록 오래된 전승에 속하거나 생소하다고 여겨지는 글귀마다 짧은 주를 붙였습니다.

저자가 들어가는 글에서도 밝혔듯, 2부에서는 스와미 웨다 자신이 빛에 이르는 영적인 길을 걸으면서 겪게 되었던 여러 가지 일들과 통찰을 들려줍니다. 따라서 1부보다는 좀더 자전적인 글들이 실려 있습니다. 이 글들은 살아 있는 가르침, 동경하고 절망하고 의심함과 아울러 처음으로 어떤 경험과 충족을 거치는 살아 있는 가르침들입니다.

　　마치는 글 "태양의 침묵"은 이 책에 실린 영감의 글들이 빛과 고요라는 초월 영역에 속한다는 걸 다시 한 번 더 상기시켜줍니다.

　　이 책 중간에 있는 글 "브라만"이 1부와 2부를 이어주는 연결고리입니다. 브라만은 보이지 않는 실재의 최고 중심으로, 모든 상(相)이 브라만에서 창조되었다가 빛과 에너지의 무한한 순환 작용으로 다시 되돌아오는 것입니다. 이 창조에 대한 아름다운 명상은 유일자의 에너지 유희, 즉 만 개의 태양 빛을 반영하는 이 책의 모든 영감을 낳은 신성한 실재이기도 하다는 점에서 단지 "신성한 어머니"라 불리울 수도 있습니다.

　　전형적이면서도 유일무이한 개인적 내지 자전적인 기록인 이 글들은 처음부터 끝까지 차례대로 읽으면 깨달음에 이르는 요가의 길에서 한 요가의 스승이 어떤 발전 단계를 거쳤는지 알 수 있습니다. 이 책 전체가 놀랍도록 아름답고 감동적인 글들로 이루어진 하나의 예술작품일 뿐만 아니라, 요가라는 영적인 길에 뛰어들고자 하는 이들을 위한 친절하면서도 고무적인 안내서이기도 한 것입니다.

클로디아 크로포드

태양의 노래

여느 날과는 전혀 다른 새벽
그것도 아주 이른 시각
미히라 마을 전체가 곤히 잠을 자다 의식의 전율을 느꼈어요.
그래 다들 깨어났던 거예요.
그들 마음에 뭔가 섬광 같은 게 지나가면서
무언가 그들 영혼을 웃게 만들고
무언가 발걸음을 가볍게 만들었지요.

어떤 태양빛은 밧줄처럼 그들을 동여 문밖 거리로 끌어냈고,
어떤 태양빛은 계곡에서 산으로 끌어올렸죠.
한 번도 본 적이 없는 태양빛이

손짓하는 그곳에 그들은 서 있었어요.

그들은 무리지어 말없이 걸었어요.
아이들은 물론 어른들도 놀란 눈을 하고
꼬불꼬불 좁은 산길을 올라갔죠.
무리 중에서 가장 연약한 이들의 발걸음이 가장 날랬어요.[5]

그들 순례자들이 산의 이마에 다다랐을 때[6]
주황 옷을 입은 인물이 나타났어요.
빛으로 일렁이는 그 모습에서
만 개의 태양이 태어나던 우주의 첫 새벽이 보였죠.

그의 머리 뒤에서 은하 성자(聖者)의 신령스러운 시종
지구의 태양, 황금 원반이 떠올랐어요.

아무도 말이 없었고
아무도 움직이지 않았고

아무도 눈을 떼지 못했어요.
마치 지구가 머리를 조아려
여신의 열망을 영원토록 들어주는 이를 경배하는 것만 같았죠.

그 빛 속에서는 동서남북이 없었고
낮고 높은 게 없었으니
그 빛은 무한한 평화 그 자체였어요.

무리는 태양의 거룩한
발에 묻은 먼지라도
이마에 대려고 다가갔으나
그 순결한 발은 땅에 닿아 있지 않았고
느끼지도 못하는 거였어요.
무리의 손가락들만 빛의 가장자리를
스쳐지나갔어요
그에게는 그림자도 없었죠.[7]

온 영혼이 마치 바람인 양
가벼이 떠오를 것만 같았으나
온 영혼의 날개가
육중한 돌을 지고 있기에
누군가가 물었어요.
"누구신데, 어인 일로
어디서 오셨나요?"
아무도 입을 떼지 않았으나
무리를 하나로 이어주는 성령의 현악기가
교향악으로 화답했죠.

"나는 태양의 화신,
황금 자궁이다.
너희의 의식이 내 안에서 수태되어
자라났느니라.
나는 '처음 사람'의 아버지를 가르친 그분이요,
그리스도요, 깔끼(Kalki)이며,[8] 모든 메시야이니라.

이 순간

내 몸의 빛털만큼이나 많은 세상

그 많은 세상의 목숨들에 내 모습을 드러내니

너희가 원한다면 언제든지 너희와 더불어 살아갈 것이요,

너희의 심장을 내 심장으로 삼고

너희가 원하는 것은 무엇이든 구하라."

그분께서 무리의 마음에 대고

여러 존재에 대해 말씀하셨어요.

무리가 귀 기울이지 않을 때도 많았지만

그분은 그들의 미숙함, 그들의 슬픔 때문에

그들을 사랑했습니다.[9]

사람들은

그가 말하는 '내'가 어떤 나인지

완전한 기쁨의 자아인지

울부짖는 욕망의 자아와 그 자아의 여행인지

모를 적이 많았어요.
그러나 그분은 이렇게 말씀하셨어요.
"내가 너희 안에서 육신이 되지 않았느냐?
너희의 입술로 모든 말을 하는 이는 바로 나니라!"

그러니 들어라.
모든 상(相)에 둘러싸인 무상(無相)이라는 선물을
어둠에 둘러싸인 빛이라는 선물을
침묵을 싸고 있는 말이라는 선물을.
그러니 들어라, 마음 정상에서 떠오르고 있는
태양의 침묵을.

1부
태양빛에서 온 불씨들

빛

지구도 빛이고, 하늘도 빛이다.
그대의 고운 피부도,
그대 아이의 부드러운 뺨도,
그대 눈동자에 어리는 사랑하는 마음도 빛의 하나이다.
그 빛이 다시 잎사귀 하나, 잔가지 하나, 나무 한 그루가 된다.
빛은 빛의 산에서 흘러내리는 시내이다.
몸을 적실 수 없는 빛이라면 그런 건 빛이 아니다.
다른 모든 것들은 빛의 바다에서 일어나는 파도들이다.
그 빛은 무한한 기쁨이자 신의 축복이다.
진실의 호수도 빛이거니와 망상의 신기루도 빛이다.

그대가 듣는 노래는 그대 귀에 다다른 빛이다.
그대의 혀로 맛보는 달콤함은 그대 입 안에 다다른 빛이다.
사랑이 그대 마음의 빛이라면,
명상은 그대 영혼의 빛이다.
빛은 숱하게 많은 옷을 입지만,
그것 중 기도의 옷이 가장 밝게 빛난다.
우주의 물결인 소리, 신의 영혼인 말씀이 그대 내면의 빛이다.

육신은 내면의 빛이 입는 빛의 외투이다.

그대의 눈은 빛을 보도록 되어 있거늘 어찌 어둠을 떠받드는 것인가?
잠시나마 어두운 분노와 심각한 우울은 제쳐놓고,
빛의 친구인 침묵에 몸을 맡겨라. 그리하여 침묵하라.
그대는 소란스러운 바람을 잠재우고 무엇이든 밝혀주는 빛으로
마음을 다시 밝히는 법을 알고 있지 않는가?
이제 마음이 밝아지면
빛의 제단인 참 지식 앞에서 사랑의 빛을 활활 불태워라.

오늘부터 빛의 존재로 걸어갈지어다.
어느 땅을 딛든 빛의 발자국을 남겨야 한다.
빛만이 기쁨이 되게 하라. 빛을 발하라.

나 그대를 부른다

나 그대를 부른다. 그대와 더불어 이야기하리라.
저 너머 아득한 길에 대해,
어찌 이리도 깊이 숨었단 말인가?
어찌 그대를 불러야 좋단 말인가?
그대에게 이름이 있다면 그 이름 소리쳐 부를 터인데,
키나 몸집을 안다면 "자그마한 이시여, 큰 이시여."
나이를 안다면 "젊은이시여, 노인장이시여." 부를 터인데.

오, 그대는 빛의 한 깜빡거림.
잿더미 속에서 타오르려는 듯
먹구름 속 푸른 하늘로 숨은 듯
어느 동굴 속, 어느 동굴 속, 어느 동굴 속에서
내가 선 곳은 그대의 동굴 밖이니, 10)
가끔씩 내다보는 그 갈라진 틈이
그대의 눈(眼)은 아닐는지?
내 귀에 난 구멍으로 내 말을 알아들으시고
아주 잠시 오시니
그대 다섯 손가락의 어렴풋한 여운이 나를 잡아끄네.

"영혼아 오라, 내 영혼과 만나자.
온 생명을 명상으로 하나 되게 하자.
이곳이 유일한 장(場)임을 알게 하자."
오늘의 명상으로
그대의 빛이 우주의 자력에 끌리길.
천상의 빛과 합쳐지길.
의식(意識)의 빛으로 평화를 누리길.

인간은 왜 외로운가?

경건하게 홀로됨을 즐길 수도 있거늘
인간은 왜 외로운가.
마음의 방에서 명상하며 기뻐할 수 있거늘
왜 갇힌 느낌을 갖는가.
이파리들 사이로 반짝이는 빛을 볼 수 있거늘
왜 나무 밑 그늘을 보는가.
서로 친하게 지낼 수도 있거늘 왜 적을 만드는가.
서로 사랑할 수 있거늘 왜 미워하는가.
얼마든지 웃을 수 있거늘 왜 우는가.
그대가 맞닥뜨린 난관을 은혜로 만들어라.
그대의 눈물을 웃음으로 만들어라.
사랑과 믿음과 이해하는 마음으로.
그대의 외로움과 홀로됨, 눈물과 웃음 그 근원을 들여다본다면
그대에게서 흘러나와 꽝꽝 얼어붙은 인생의 어둠을 녹이는
경건한 빛의 시냇물을 만날 수 있다. 오늘 태양을 우러러보라.
그 찬란한 빛을 영혼으로 맞아들여라.

그대 영혼의 광채 세상 끝까지 퍼져가길.

욕망의 나무를 자르며

오늘 아침에 채운 갈망이 정오에 다시 되살아났다.[1] 밤에 충족시킨 욕망이 새벽에 다시 되돌아왔다. 이처럼 그대를 사로잡는 욕구는 끝을 모르누나. 왜 이렇게 끝없이 새로운 욕망을 일깨우는 만족만 추구하는가? 처음이자 마지막인 욕망, 스스로를 찾고자 하는 영혼의 욕망은 왜 만족시키려 하지 않는가?

얼마 전 그대는 번민에 싸여 "이 일만 잘 처리된다면 내 인생이 행복해질 터인데"라고 말하지 않았던가. 바라는 대로 되었건만 그대는 인생이 행복한가? 그대는 날마다 욕망의 이파리 하나씩 떼어내나, 새 이파리가 백 개씩 돋아나지는 않는가? 왜 나무를 뿌리째 뽑으려 하지 않는가? 어둠 중에서도 가장 깊은 어둠이 참 나[2]에 대한 지식을 잃어버리는 것. 그 어둠 속에서 욕망이라는 독(毒)나무가 자란다. 자신 밖에서 끊임없이 무언가를 구함은 잃어버린 자신의 신성한 참 나를 찾지 못해서임을 왜 알지 못하는가?

신성한 참 나의 신성한 의지, 신성한 지식, 신성한 행위가 무한히 완벽함을 알게 될 때 갈망과 고통에서 벗어난다. 그때 아무 것도 바라지 않으면서 어떤 일이라도 하게 된다. 오늘 신성한 자유 의지로 되돌아오길.

쾌락과 고통의 봇짐

그대는 고통 속에 있는가? 쾌락을 구하는가? 이득을 얻기 원하고, 손실을 피하기 원하는가? 패배를 모르는 승리를 기대하는가? 그렇다면 인생의 쾌락과 고통 모두 한 봇짐 안에 담겨 있음을 모르는 것이리라.

여행길이 갈리는 고비마다 봇짐 몇 개가 놓여 있다. 어느 봇짐을 지고 가느냐는 자신이 마음먹기에 달렸다. 어느 봇짐을 지고 가든 모든 봇짐에는 단맛 나는 것과 쓴맛 나는 것이 약간씩 들어 있다. 산이 높으면 높은 만큼 골짜기의 그늘이 깊음도 알아야 한다. 길을 되돌려 봇짐을 다른 봇짐으로 바꿀 수 있다 한들 기쁨이 크면 슬픔 또한 그만큼 클 것이요, 슬픔이 작으면 기쁨 또한 그만큼 작을 것이다.

그대의 마음은 과거의 생각과 행동을 모두 합친 무게만한 봇짐을 지고 다닌다. 과거의 생각과 행동이 오늘의 고통과 쾌락이라는 나무로 자라나는 씨앗이다. 오늘부터 마음밭에 달콤한 과실의 씨를 심어라. 그러면 내일 짊어질 봇짐에는 달콤한 과실들이 풍성하게 들어있을 것이다.

오늘 달콤한 과실의 씨앗을 심길.

그대가 세상의 중심이다

요즘은 안부 인사로 "잘 지내니?"라고 묻는 대신 "일은 잘 되니?"라고 묻는다. 그러면 자신이 잘 지낸다는 뜻으로 "잘 되고 있어"라고 대답한다. 그대가 일인가?

그대가 자신을 둘러싼 세상의 중심이고, 세상을 움직이는 주된 힘임을 알아야 한다. 마음을 어떻게 쓰느냐에 따라 의식의 파문과 맥박이 달라지고, 그것이 주변 환경을 바꾸어놓는다. 그대가 잘되느냐 못되느냐에 따라 주변 환경이 잘되기도 하고 못되기도 하지만, 주변 환경은 그대를 바꾸어놓을 수 있는 힘이 없다. 자석에 달라붙는 쇳가루가 자기파의 형태에 아무런 영향을 미치지 못하듯.

고랑이 진 땅을 평탄하게 하고, 울퉁불퉁한 지형을 고르게 하고, 단단한 바위도 천천히 바꾸어 놓는 흐르는 물이 되라. 천으로 옷을 짓는 영혼의 손이 되라. 인생을 날실과 씨실로 삼아 우단과 명주를 짜라. 잘 누빈 외투를 영혼의 참 나에 입혀라.

빛 속을 걸어라

아침에 깨어 전날 밤 실수나 무서운 꿈, 어둠이 생각날 때 태양 앞으로 나아가 번제물로 태양빛에 태워버려라.[13] 그리고서 빛 속을 걸어라.

샤워를 할 때 지구의 모든 강과 태양빛 줄기를 그 흐르는 물 속에서 살게 하라. 마음의 모든 부정(不淨)과 작은 악의들이 씻겨지고 신생아로 다시 일어나 모든 사물을 새롭게 보도록 마음을 새롭게 하라. 그리고서 빛 속을 걸어라.

명상하려고 앉았거든 한 호흡의 불길을 들이마셔라. 그리하여 못된 생각, 거짓말, 해로운 음식, 무심코 한 행동에서부터 형성되는 자신의 감춰져 있는 베풀 줄 모르는 사악한 인격을 불태워라. 그렇다. 그대 내면의 그를 불태워라. 날숨으로 그의 재를 바람에 날려버려라. 그리고서 빛 속을 걸어라.

저녁에는 낮 동안의 근심과 상처, 우울과 쾌락을 데리고서 거짓의 모든 그림자를 이끌고서 지는 해 앞에 서라. 그것들을 그 불길에 태워버리고 그대 내면에서 태양을 발견하라. 태양빛 속에 누워라. 어두운 밤일지라도 빛 속에서 잠들라.

인간의 나라

다리 위에 서서 흐르는 강을 바라보라. 물결은 솟구쳤다가도 이내 아무 자취 없이 스러지나 강은 끝없이 흘러간다. 강이 온갖 지세를 헤치며 나아가듯, 명상하는 참 나의 개울 또한 인생의 모든 흥망과 성쇠를 헤치며 나아간다.

그대는 어째서 지금 이 순간의 생각과 느낌만이 진실이고, 다른 이들은 그런 진실을 즐길 자격이 없다 생각하는가? 진정으로 신을 섬기는 사원의 사당을 가보라. 거기에는 모든 신격(神格)이 모셔져 있다.[14] 명상하는 이는 모든 고장의 음악, 기도서, 예식, 종교, 문화에 대한 사랑으로 마음을 풍요롭게 한다. 그대의 두 눈이 태양신을 모신 사당이고, 혀가 소피아와 사라스바띠[15]를 섬기는 제단이 아닌가?

강 어느 곳에서 물결이 일든, 모든 물결이 강의 이름에 포함된다. 그런 연유로 특정 문화의 아름다움과 특정 종교의 예식을 무시하는 건 마음을 불구로 만드는 일이다.

오늘 명상으로 온 나라의 문화가 빚어낸 아름다움으로 들어가길. 그대의 혼이 선택된 나라, 인간의 나라에 드러난 신성한 진리를 흠뻑 맞아들이길.

진실의 모습은 여럿

무엇을 거절할지라도 매정하게 거절하진 말지니,
오늘 그대가 거절한 그것을 어느 날 받아들이게 될지 모르기 때문.
싫더라도 아주 싫어하진 말지니,
언젠가 그것이 마음에 들지 모르기 때문.
혐오는 매혹의 또 다른 이름.
그대의 겉은 그것을 아주 싫어할지 모르나
그대의 속은 끌리고 있으므로.

관용이란 지금 이 순간의 생각을 '진실'이라고 보지 않는 마음의 성질.
지금 진실이라고 여길지라도 진실의 모습은 여럿
잊지 말지니, 자신의 '이 순간'은 진실의 한 작은 부분에 불과함을.
낮 동안 햇빛을 즐기며 밤을 헐뜯지 말지니
머지않아 밤의 평온이 그대를 잠재울 것이므로.
밤에 잠자리에 들며 낮을 헐뜯지 말지니
머지않아 태양의 손이 그대를 흔들어 깨울 것이므로.
이처럼 밤과 낮은 진실의 두 모습.

정상에 선 사람은

정상에 오르는 길이 여럿이라는 걸 알지만,
숲길을 걷는 사람은 건너편 길도 보지 못하니,
그대의 절에서, 그대의 교회에서
온갖 문화가 꽃피어나게 하라.
정상에 선 사람이면 누구든 길을 인도하게 하자.
그대 마음의 벌이 모든 꽃으로부터 꿀을 모으게 하자.

오늘 진실의 정상에 올라 진실에 이르는 많은 길들을 보길.

진리와 사랑

진리를 의견의 차원으로 떨어뜨리는 것이 어둠이라면
의견에 불과한 것들을 진리라고 내세우는 것이 더 깊은 어둠.
변하는 감정을 사랑이라고 부르는 것이 죽음이라면
그 죽음을 삶이라고 부르는 것이 더 큰 죽음.

진리와 사랑은 나뉘는 법 없고, 변하는 법 없으니
진리와 사랑이 변한다고 탓한다면 무지(無知) 속에 산다는 고백.
모든 실체를 떠받치는 보이지 않는 실체는 조금도 변함이 없다.
수많은 파도가 일어나 수면을 할퀼지라도 바다는 늘 바다이듯.

진리를 사랑에서 떼어놓음은 곧 깨달음을 느낌에서 떼어놓는 것이니
진리를 따름이 곧 모든 이를 사랑하는 것.

그렇다, 그대의 사랑이 자신의 욕구만 섬겨서는 안되고,[16]
우주 진리의 조화를 섬겨야 한다. 사랑하는 이들과 더불어 자라야 한다.
그 사랑의 목적이 신과 합일하도록 서로 돕는 데 있다면[17]
사랑은 변치 않는 쪽으로 자라난다.
그렇게 영원의 자리로 뻗어간다면 그 사랑은 모든 시험을 이긴다.

즐거움과 평화

언제 쾌락이 해가 되는가?

모든 기쁨과 생활을 그것에 의존할 때. 쾌락을 즐기며 그 집착으로부터 자유롭지 못할 때, 그것이 그대에게 해가 된다.

어떻게 고통이 즐거움으로 바뀌는가? 순례자가 신발을 벗어 길가 돌에 흙을 털듯 고통을 받아들일 때, 좀더 높은 곳에 이르는 길을 가면서 한층 작아지게 되는 피로처럼 고통을 받아들일 때, 고통이 즐거움이 된다.

큰 새가 작은 새의 부리에서 꿈틀거리는 벌레를 낚아챘을 때 작은 새는 스스로 어찌할 바 없음에 고통을 느낀다. 그 작은 새가 또 다른 벌레를 쪼아 물고 둥지로 날아갔을 때 새끼 새가 벌레를 낚아채면 이번에는 그것이 그에게 즐거움이 된다. 이렇듯 버려야 하는 것들을 단단히 움켜쥘 때 고통에서 헤어나지 못하고, 버려야 하는 것들을 스스로 버릴 때 충만한 기쁨을 누린다.

오늘 진정한 의존과 자유를 알아 고통과 즐거움을 분별할 수 있게 되길,[18] 진정한 즐거움과 평화를 알게 되길.

될 수 있을 만큼 되라

될 수 있을 만큼 되려 하고, 조금도 작아지려 하지 마라. 자신의 최선을 다하라. 그러면 자신이 되고자 원하는 대로 될 것이다. 자신의 참모습 그대로 행동할 때 최고의 능력을 발휘하고, 행동이 완성을 비춰준다.

존재가 행동을 증언한다.[19] 내 안에서 분열된 자아가 싸움을 벌인다면 그 싸움판에 뛰어들지 말고 그저 지켜보기만 하고, 그저 지켜보기 어렵다면 심판을 봐라. 행동하지 않는 가운데 행동을 보고, 행동을 통해 행동하지 않음을 숙달해야 한다. 이 기술을 익히면 자신의 가장 깊은 존재와 하나가 될 수 있다.

지칠 대로 지쳐 쓰러지는 이만이 영광을 누린다. 이 길의 고행자가 되라. 앉아 있으면 죄를 짓는 것이니 어서 짐을 꾸려 걸어라. 걷는 이는 꽃으로 피어나고 영혼이 그 꽃을 딴다. 태양이 그와 함께 걸으며 노동의 결실을 영글게 한다.

깊이 잠든 이는 철과 돌의 암흑시대에 산다. 하품을 하며 기지개를 켜면서 그는 청동 토성(土星) 시대에 산다. 자리를 털고 일어날 때 그는 보름달이 비치는 은(銀) 시대로 들어간다.[20] 그리하여 자신의 온전한 존재를 향해 걸어가고, 그곳에서 명상의 황금시대가 태양빛과 더불어 동터온다.

오늘 행동하는 명상을 통해 치유와 합일과 균형에 이르길.

스스로를 바보라 선포하라

공손하고 경건한 척하는 법을 배우긴 쉬울지 모르나, 경건한 자가 단 하루라도 불경해지려면 굳건한 자기 통제가 필요하다.

청정함이란 아무 색채가 없는 흰빛일지 모르나, 아름다움은 다채롭다. 여신 자신이 초월 상태를 부인하고 이 다채로운 우주가 되지 않았는가. 단 하루라도 남신(男神)의 날이 있는가? 그대 흰 경건의 표면을 물들이는 법을 배워라. 장미꽃잎으로 친구들의 얼굴을 문지르고, 적이라고 생각하는 이들과 춤춰라. 그럴 때 그들의 얼굴에 비치는 당신에 대한 비웃음이 신이 내리는 은총이고, 그대 내면에서 낄낄거리는 저 어릿광대 또한 신의 화신이다.

현명해지기를 열망한다면 스스로를 바보라 선포하라.[21] 그렇지 않으면 지혜가 증발해서 영영 바보로 남을지 모른다. 침묵이 순수하다면 웃음 또한 희다는 걸 잊지 마라.[22] 웃음을 참는 건 쉬울지 모르나, 이처럼 심각한 세상에서 웃음을 일으키는 건 결코 쉬운 일이 아니다.

오늘 우주의 모든 색채, 열린 신의 공간에서 은하의 실없이 큰 너털웃음을 웃기 바란다. 오늘이든 어느 날이든 욕을 잘 골라 한보따리 들고 나에게로 오라. 진한 갈색의 물을 뿌려주겠다.[23]

신성한 기쁨

그대는 잘 생기고, 아름답고, 매력적인 젊은이이다. 이 세상 모든 남녀를 마음대로 부릴 수 있는 지구상의 유일한 임금님이다. 지구상의 모든 보물, 금광, 다이아몬드가 다 그대의 것이다. 이것이 그대가 누릴 수 있는 최고의 야망이다. 이것을 인간적인 기쁨 한 단위라고 부르기로 하자.

어떤 생각에도 방해받지 않고, 어떤 욕망도 일지 않는 무념무상의 상태에서 일 분 명상한 것을 신성한 기쁨 내지 신성한 즐거움 한 단위라고 하자. 그러면 인간적인 기쁨을 십 억 단위까지 늘린다 해도 그 기쁨이란 저 짧은 한 순간의 평정, 명상하는 현인의 짧은 한 순간의 무욕보다 못한 것이다.

잘디 잔 설탕 한 알갱이를 물고서 신이 나서 가는 저 개미가 인간의 눈에 처량하게 비쳐지듯, 그대가 현명하다면 현재 인간적인 성취를 위한 자신의 모든 야망과 열정과 추구 또한 자신의 눈에 그렇게 비쳐질 것이다. 중량은 큰 차이가 날지 몰라도 비율로 치면 개미가 애쓰는 것이나 인간이 애쓰는 것이나 별반 다르지 않다. 그렇다면 왜 개미처럼 헐떡거리며 잘디 잔 알갱이들을 쫓고 있는가? 원하는 것을 모조리 얻는다 해도 욕망은 조금도 줄어들지 않을 것이다. 오늘 세속적인 기쁨 십 억 단위보다 한 단위의 신성한 기쁨을 누리길.

마음을 닦으며

내가 더울 때 세상을 차게 하라. 내가 찰 때 세상에 온기를 불어넣어라. 내가 발가벗어 부끄러운 탓에 모든 피조물의 눈을 덮어줘라. 그렇게 존재 중심이 황금 삼각지대인 심장 중심에 있는 것이 아니라 바깥 세상에 있는 이들은 항변한다. 그대가 찰 때 스스로에게 온기를 불어넣어라. 더울 때 멱을 감아라. "자신의 육신을 덮어 부끄러움을 가리면 주변 세상 또한 스스로를 덮어 부끄러움을 가린다."라고 현인들이 말하지 않았던가. 지구가 온통 날카로운 가시와 울퉁불퉁한 자갈밭이라고 어찌 지구 전체를 덮으려 하는가? 발바닥에 네모 반듯한 가죽신발을 신으면 쉽게 가시와 자갈로 덮인 땅을 걸을 수 있다.[24]

마음을 닦아라. 그러면 세상이 깨끗하다. 마음을 가라앉혀라. 그러면 세상이 평화롭다. 성스러운 이름의 당의정(糖衣錠)을 삼켜 그대 존재의 모든 통로로 스며들게 하면 만병이 나을 것이다. 자신의 마음을 씻고, 가라앉히고, 양육하고, 치료하는 것이야말로 남을 위해 헌신하는 가장 좋은 방법이다. 그대를 흐르는 마음의 물살이 곧 모든 이의 의식(意識)이기 때문이다.

오늘 깨끗하고 고요하고 풍요로운 마음으로 평화 가득한 세상을 보길.

"나다"

"나는 걷는다, 나는 본다, 나는 듣는다"라고 말할 때 이런 경험과 행동의 배경에는 공통분모 "나…다"가 들어 있다. 나에게서부터 주위 사람이나 대상에게로 향해 가는 온갖 행동과, 주위 사람이나 대상에서부터 나에게로 다가오는 온갖 경험이 "나"로 시작해서 긍정문 "다"로 끝난다. 이런 행동과 경험은 언제나 분명히 알 수 있고, 분석될 수 있지만 "나다"는 내 존재의 느낌, 있는 그대로의 나 자신으로서의 존재의 느낌이다.

매일 육신의 보트를 띄우기 전, 행동과 경험의 강 건너편으로 마음의 노를 젓기 전, 잠시 조용히 영혼의 기슭에 서서 나 자신으로서의 이 존재의 느낌을 알아야 한다. 눈을 감고 입을 다물라. 혀를 움직이지 말고 마음으로만 "나…다"라고 말하라. 그러고 나서 스스로에게 물어라. "누가 이 존재, 나를 '나다'라고 선포하는가? 누가 내 존재의 깊은 원천에서 '나다'라고 속삭이는가?" 이것이야말로 그대가 물어야 할 진정한 물음이다.

명상으로 이 물음의 답을 얻길.

무엇이거나 다 진실이다

그대의 전제에 의하면 그것이 명백한 결론일 것이다. 다시 말해, 그대가 서 있는 자리에서는 그렇게만 보일 것이다. 시야가 좁아져서 그런지 내가 서 있는 자리에서는 달리 보인다. 나의 전제에서 이끌어낸 결론은 그것과 정반대이다.

초음속 제트기를 타고 치첸이트사(멕시코 유카탄 반도에서 10~13세기 번성하였던 마야 신제국의 도시)나 보로부두르(인도네시아 자바 섬에서 8~9세기경에 만들어지고, 1814년에 발견된 불교 유적)나 타지마할이나 노트르담을 보면 어떻게 보일까? 근처 공원이나 언덕에서 보는 모습과 같을까? 딱딱한 원뿔을 들고 천천히 돌려보라. 그것이 삼각형인가, 원인가, 타원인가? 기항지, 세관, 관세, 여권, 비자, 이 모든 것들도 어떤 관점을 나타낸다. 어느 나라가 내가 속한 나라일까?

그러나 이런 건 다 진실이 아니다. 즉 완전한 진실이 아니다. 진실은 불완전하지 않고, 불완전한 것은 진실이 될 수 없다. 어느 것 하나 반대되거나 모순되는 것은 존재하지 않는다. 낮과 밤은 하나의 순환에 속하고, 여름과 겨울은 한 해에 속한다. 낮과 밤은 명백히 구분된다고도 볼 수 있으나, 새벽과 황혼으로 합쳐지기도 하지 않는가. 나와 나의 적, 순교자와 박해자, 간디와 고두세[25], 예수와 유다도 그렇다.

무엇이거나 다 서로를 필요로 한다. 그러므로 무엇이든 다 진실이다.[26]

오늘 진실을 하나의 완전한 원으로 볼 수 있길.

그대 문제는 아주 작은 것이려니

모든 아침은 신의 창조,
　새해의 봄이며 그대의 어린시절이다.
모든 낮은 창조의 연속,
　그 해의 여름이며 그대의 젊은시절이다.
모든 저녁은 우주의 소멸,
　그대 세월의 겨울이요 그대 생애의 저녁이다.

풀은 높이 자랄 대로 자란
　죽순과도 같으니
그대 발로 개미 한 마리를 짓밟음은
　그대 자신이 코끼리 발에 짓밟히는 것.

이런 우주의 질서를 보고, 그것이
　그대와 그대의 인생, 그대의 문제에 어떤 영향을 미치는지 보라.
그 깨달음으로 위대한 진리가 동터오려니
　전 우주의 일부가 아닌 것 없으므로.
이럴 때 그대의 문제는 아주 작은 것이려니
　진리가 아주 위대한 것이려니.

그대가 잠든 동안에도
누가 그대를 지켜보고 있는가?

"내 꿈을 자세히 보려 하니 불을 켜주세요"라고 부탁해본 적이 있는가? 그대는 어떤 빛으로 꿈을 보는가? 그 빛은 방을 밝히는 촛불의 빛이 아닌 그대 참 나의 빛이니, 그대가 그대 체력의 원천이요 마음 자각의 기원인 스스로를 불 밝히는 한 존재이기 때문. 그러므로 이 참 나는 잠드는 법이 없도다.

마음 표층은 고단함에 지쳐 곯아떨어질지라도, 늘 깨어 지켜보는 누군가가 있다. 심장박동과 호흡을 주관하는 또 다른 누군가가 있다. 무서운 악몽에 몸을 뒤척이더라도 침대에서 떨어지지 않게 해주고, 옆방에서 아이가 비명을 지를 때에는 깨워주는 그 누군가가.

스스로에게 "나는 누굴까?"하고 물어보라. 이렇게 "나"라고 말하는 나는 누구인가? 어떤 빛으로 인해 "나"라고 말하고 있음을 자각하게 되는가? 이 물음에 답할 수 있어야 마음 표층을 뚫고 들어가 자유로운 의식의 결단력으로 의식의 본향으로 나아갈 수 있다. 저 멀리 의식의 본향에서 "나"라고 일컫는 빛이 가물거린다.

오늘 침묵하는 내면의 파수꾼, 그 참 나의 본 모습을 알게 되길.

참된 기적

그대들은 정말 많은 기적을 이루었다. 우주 공간으로 우주선을 날려 보내고, 화성에 기계를 착륙시키고, 달에 인간을 착륙시켰다. 철과 갖가지 합금이 그대들의 손을 거치면서 이런 진전이 이루어졌다. 무한히 큰 능력이 그대들 안에 있어 그대들의 마음과 손을 거쳐 발휘되기 때문이다. 이렇게 그대들의 마음과 손은 물질적인 큰 진전을 이루었지만 그대들 스스로는 어떤 진전을 이루었는가?

기계의 정밀도로 그대들의 내적 발전을 측정할 수 있는가? 그대들은 고대 이집트, 그리스, 로마의 시민들보다 내적으로 더 진보했다고 말할 수 있는가?

그대들은 분노를 가라앉힐 수 있는가? 혼자 힘으로 우울증에서 벗어나고, 위궤양 재발을 막을 수 있는가? 달이나 화성에 홀로 남더라도 스스로의 힘으로 몸을 치료하고, 외로움을 달랠 수 있는가? 스스로 심장 박동의 횟수를 결정하고, 혈압을 조절하고, 소화를 촉진시키고, 천천히 호흡할 수 있는가? 마음의 처리 과정을 관찰하고, 직관의 목소리가 어떤 말을 하는지 알아차릴 수 있는가? 상한 마음을 스스로 치유할 수 있는가?

아직 이런 일들을 제대로 이루지 못했는데 어떻게 진보를 이루었다 말할 수 있는가? 그대들의 내면에 있는 참 나의 빛 속으로 걸어갈 때 가장 중요한 참된 진보가 이루어지리니, 잠시 물러나 앉아 생각해보자. 그리고 내면의 진보를 이루겠다는 결의를 다지자.

오늘 성큼 전진하길, 신이 축복하여 힘주시길.

어둠 속을 걸어라

보이지 않는 세계의 헛것이 두려운가? 유령, 사탄, 악마가 두려운가? 그런 생각에 빠지고 그런 헛것에 영향을 받음은 마음이 나약해졌다는 증거.

그대는 오감이라는 문과 창문이 달린 육신의 흙집에 기거하는 빛의 존재이다. 이 발광체는 스스로 타는 등불처럼 주변에 빛을 뿌릴 뿐 어떤 그림자도 드리우지 않는다. 육신의 그림자마저 그 빛을 조금도 흐리게 할 수 없다. 그 빛이 어떻게 빛나는지 그대의 두 눈으로 볼 수 있다.

그대 불멸의 존재여, 죽음이 두려운가? 그대 영의 존재여, 육신의 감옥을 잃는 게 두려운가? 어두컴컴한 방이나 홀, 또는 칠흑같이 어두운 동굴 속에서, 불꽃이 -아무리 작은 불꽃이라 할지라도- "어쩌면 좋죠. 어둠에 숨이 막힐까 두려워요. 나는 작은데, 어둠은 저렇게 크니까요"라고 불평하는 소리를 그대는 들어본 적이 있는가? 흰 옷을 걸치고서 어두운 방에 들어가 본 적이 있는가? 어둠이 흰 옷에 검은 칠을 남긴 적이 있는가? 그대는 늘 순수하고, 현명하고, 자유로운 빛의 존재이다. 어둠 속을 걸어라. 빛을 발하라.

오늘 내면의 빛과 만나 인사 나누길.

자아의 노래

가위로 텅 빈 하늘 한쪽을 몇 평방 야드쯤 잘라내고[27] 천처럼 둘둘 말아 몸을 가리는 망토로 써보라. 토끼 이마에 난 뿔로 활을 만들어 하늘 화초들로 장식하고 석녀(石女)가 낳은 아들들에게 주어라.[28] 이런 일들이 이루어지는 날, 그날에야 비로소 그대 자신의 참 나를 알게 될 터이니, 그대 어디에 있든 평화를 찾아내리라는 희망을 가질 수 있다.

참 나를 모른다면 자유를 바라서는 안된다. 자아의 육신을 보라. 그 가슴에 손을 얹고, "여기 있는 것은 어디에나 있고, 여기 없는 것은 어디에도 없다"[29]라고 말하라. 한 점의 먼지가 별처럼 보일 수 있으려면 먼저 자신의 내면에 별 하나가 있어야 한다. 그것이 내면에 없다면 그것이 무엇인지 알아낼 방도 또한 어디에도 없다.

그러므로 한 점의 티끌에 대해서든, 거대한 별에 대해서든 모든 지식이 자신의 참 나에 대한 지식에서부터 나온다는 걸 알아야 한다.

오늘, 한 점의 티끌에도 살고, 거대한 별에도 사는 저 신성한 참 나에 대한 지식을 알게 되길.

우주보다 큰 자아

참 나는 우주보다 크면서 원자의 핵보다 작다.[30] 모든 은하계의 모든 태양빛이 작은 다이아몬드 하나로 압축된다면 그 다이아몬드가 바로 그대의 참 나다. 변하는 인격 속에서 변하지 않고, 고통 중에 고통이 없고, 거짓 즐거움의 유혹에 아무 영향도 받지 않는 것이 그대의 참 나다.

두 눈의 태양, 두 귀의 교향악, 콧속 장미향, 피부 위 바람도 그대 참 나의 일부다. 생명력인 그 참 나가 혀에 말을 주고, 심장에 고동을 주고, 배에 열을 준다.

그대의 자각이 형상·소리·감촉·맛보다 깊이 들어가야 그대가 눈·귀·피부·입이 아님을, 눈·귀·피부·입의 느낌도 아님을 알 수 있다. 어떤 파문도 일지 않고 어떤 형상도 없이 고요히 흘러가는 살아 있는 의식의 흐름이 바로 그대의 참 나다. 그 참 나가 바로 신이다. 그러므로 신을 경배함이 곧 참 나를 아는 일이다.

오늘, 자신의 더 깊은 참 나인 신과 대면하길.

힘에 관한 이야기와 우화

그대는 힘을 갖기 원하는가? 세상을 정복하기 원하는가? 세상 전체가 적으로 여겨지는가? 큰 재력을 갖춰 많은 이들을 하인처럼 부리기 원하는가? 세상이 자신을 헐뜯으려 달려드는 야멸치고 비열한 인간들로 가득 찬 듯 보이는가? 그대가 불안해하고 괴로워하는 까닭이 지난 어제 일 탓인가, 다가올 내일 일 탓인가?

옛날 옛적에 한 임금이 궁정에 천 개의 거울로 둘러싸인 연회장을 짓고 손님들을 맞았다. 떠들썩하던 축하연이 끝나 손님들이 모두 돌아가고 난 깊은 밤에 임금의 개가 연회장으로 기어들어왔다. 그 개는 어금니를 드러내고 으르렁거리며 달려들어 마구 짖어대는 천 마리의 다른 개들에 둘러싸이게 되었다. 임금의 개가 짖을 때마다 천 마리의 개 또한 동시에 짖어댔다. 용감한 임금의 개는 혼자서 천 마리의 적들로부터 자신을 방어해냈다. 그러나 동이 틀 때쯤에는 마룻바닥에 초주검이 된 채 꼼짝 못하고 누워 있어야 했다.

그 임금의 개가, 천 마리의 개들로 하여금 짖지 못하게 하고 달려들지 못하게 하는 가장 좋은 방법은 무엇이었겠는가? 어금니를 드러내지도 말고, 짖지도 말고, 달려들지도 말고 다만 조용히 앉아 있는 것이었다. 임금의 개가 달려들 때마다 거울에 비친 천 마리의 개 또한 일제히 달려들어 목숨을 앗으려 했다. 인생에서 참된 힘과 평화를 구한다면 잠시 물러나 조용히 앉아 있어라. 마음을 고요히 하라. 그러면 세상 또한 짖어대지 않고 고요해진다.

어느 날 위대한 한 성녀(聖女)가 황금과 보석으로 치장한 귀족부인을 데리고 도적들이 들끓는 숲을 지나게 되었다. 도적들이 나타나 위협하자, 성녀는 귀족부인의 황금보석을 가져와 도적들의 두목에게 주면서 "가져가거라, 내 아들아"라고 말했다. 그녀가 한 그 말소리 속에 깊은 사랑이 담겨 있어 그 말을 들은 도적떼의 왕초는 눈물을 흘리면서 "갓난아기 적에 어머님이 돌아가시고 나서 나를 이렇게 진심으로 아들이라고 불러준 이는 아무도 없었소."라고 말했다. 그 뒤부터 그 도적 두목은 실제로 그녀의 아들이 되어 그림자처럼 그녀를 따랐다. 나중에 그 자신도 위대한 성자가 되었다. 그녀의 힘이 진실로 위대한 힘이었기에 그녀가 그를 진정으로 감복시킬 수 있었던 것이다.

금력도 아니고, 욕심도 아닌 힘, 다른 이들을 지배하는 데 쓰는 그런 힘과는 전혀 다른 힘이 있다. 사랑이 듬뿍 담긴 눈동자는 적을 친구로 만드는 힘이 있다. 부드러운 손의 감촉에도 그런 힘이 있기에 병자를 고쳐주고, 장님을 눈뜨게 하고, 불행한 이를 위로하고, 외로운 이를 기뻐 춤추게 할 수 있다.

옛날 옛적에 한 황제가 신하들을 모아 놓고 "짐이 여기 서판에 금을 하나 그을 테니, 이 금을 건드리지 말고 짧게 만들어봐라."고 말했다. 꽤 시간이 흘렀는데도 아무도 답을 내지 못하고 있을 때 황제의 가장 현명한 시종이 앞으로 나섰다. 그는 황제가 그은 금과 나란히 황제의 금보다 약간 더 긴 금을 긋고 나서 "폐하, 방금 폐하의 금이 짧아졌나이다."라고 말했다. 상대가 그은 금을 짧게 만들려 해서는 결코 상대를 이기지 못한다. 자신의 소질로써 자신의 금을 그어라. 자신의 능력을 개발하라. 이완된 마음으로 정신을 집중하고, 마음을 모아라. 자신의 마음 속에는 발현되기를 기다리는 영원한 소질이 있다. 가만히 앉아 그 말에 귀를 기울여라. 온 정신을 집중해서 금을 긋되 경쟁자의 금과 비교하지 마라. 그래야 자신이 가장 긴 금을 그을 수 있다.

바빌론에서 죽음을 맞이하게 된 마케도니아의 위대한 정복자 알렉산더 대왕이 측근에 있는 신하들에게 "내가 죽거든 수의를 입혀 땅에 묻되, 양

손을 수의 밖으로 꺼내 손바닥 위에 한줌의 재를 뿌려놓아라. 그래서 세상의 정복자가 무엇을 가져갈 수 있는지 온 세상이 보고 알 수 있게 하라."고 말했다.

세상을 정복하고 싶으면 먼저 자신을 정복할 힘을 길러라. 그런 다음 그 힘을 다른 사람들을 돕는데 써라. 여러 사람에게 유익함과 위안을 주는데 그 힘을 써라. 오직 그런 힘만이 사람들에게 두고두고 기억될 것이다. 자신은 그 힘에서 이득을 얻지 못할지라도 오랜 세월 여러 세대의 사람들이 그로부터 혜택을 입을 것이요, 그대가 축복을 받을 것이다.

옛날 옛적에 세 젊은이가 있었다. 둘은 아직 태어나지 않았고, 하나는 아직 수태조차 되지 않았다. 지독한 가난의 고통에 시달리게 된 그들은 '공허(空虛)'라는 그 도시를 아주 떠나기로 마음먹었다. 여행 도중에 피로에 지친 그들은 세 그루의 나무그늘에서 쉬게 되었는데, 그 중 두 그루는 흙에 심은 적이 없고, 한 그루는 아직 싹도 나지 않았다. 그 나무그늘에서 쉬면서 나무에 달린 열매를 먹고 기운을 차린 그들은 다시 길을 걸어 세 강가에 이르렀으나 그 중 두 강은 애초부터 물이 없었고 또 한 강은 말라 있었다. 그들은 다시 그 강가에서 타는 목을 축인 다음 보트 세 척에 나눠

타고 강을 건넜는데, 이번에는 두 척이 아예 있지도 않았고 한 척은 바닥이 텅 비어 있었다. 이렇게 갖가지 고생을 하고 나서 세 젊은이는 '미래(未來)'라는 도시에 이르러 세 채의 집에 기거하게 되었지만, 이번에는 두 채가 아직 터도 닦지 않은 상태였고, 한 채는 어느 쪽 벽도 없었다. 그들은 그 후 그 미래라는 도시에서 줄곧 살았다.

현재 자신의 불안과 근심이란, 이 우화에 나오는 두 도시 '공허'와 '미래'와 마찬가지로 아무 근거가 없는 것이다. 현재 불안하고 두렵고 슬프더라도 자신을 그렇게 만든 불행한 사건들이란 지금 이제 영원히 사라진 일 아니면 아직 일어나지 않은 일이다. 마음을 닦아라. 그러면 이 순간 맑은 마음의 빛으로 이미 사라졌거나 아직 생겨나지 않은 문제들에 어떤 해결책이 있는지 알게 될 것이다.

그대는 어떤 힘을 갖기 원하는가? 그 힘이 으르렁거리며 짖어대는 자신의 거짓된 상(像), 세상이라는 그림자와 싸우게 하는 힘인가, 아니면 주위 사람들을 기쁘게 하는 평화로운 평정의 힘인가? 어떤 사랑을 하기 원하는가? 부와 재산이라는 환영, 자아라는 환영, 권세라는 환영을 사랑하기 원하는가, 아니면 마음의 무한한 힘을 사랑하기 원하는가?

그대는 다른 사람이 그은 금과 경쟁해서 이기기 원하는가, 아니면 자신의 영원한 소질을 창조적으로 표현해서 빛을 발하기 원하는가? 세상을 정복함으로써 재를 남기기 원하는가, 아니면 자신을 정복해서 다른 사람들을 돕는 불후의 힘을 남기기 원하는가? 과거와 미래라는 두 망령을 지어내어 두려워하며 살기 원하는가, 아니면 이 순간이라는 맑고 신성한 도시에서 살기 원하는가?

한시도 쉬지 말고 진정한 힘인 평정, 사랑, 내면의 소질, 봉사, 거룩하고 맑은 마음을 기르고 닦길.

평온하게 가라

아무리 슬프더라도 아무리 즐겁더라도 마음에서 한 순간만 떼어내어 평온하게 가라. 이 순간, 이 순간만을 바라보고 고요히 가라.

그대의 생각, 느낌, 말을 모조리 침묵시키라는 말이 아니다. 생각, 느낌, 말이 일어나기 이전의 침묵까지 더듬어 올라가고 고요히 가라. 아주 짧은 평온의 한 순간에 한 물결이 일었다 스러진다. 그 물결을 바라보면서 그 처음의 고요와 마지막의 침묵을 바라보라. 그리고는 평온하게 가라.

한 호흡, 한 호흡 쉴 때마다 멈추는 한 순간이 있으니 그때마다 그 간격을 채워라. 그 간격을 그렇게 명상의 침묵으로 채우고 평온하게 가라.

벌컥 화내고 울화를 터트리기 전에 먼저 내면의 한 고요한 곳에 마음을 붙들어 매라. 그러면 화가 나고 흥분되더라도 그런 감정들마저 잘 다듬은 연장처럼 만들어주고, 평온을 일깨우는 도구로 만들어주는 어떤 정적을 찾아낼 수 있으리라.[31]

지금 이 순간, 자신의 내면 깊숙이 들어가 평온하게 가라.

지남철

어떤 이는 속도를 늦추기 싫어한다. 그는 쉬지 않고 활동하기 원하는데, 그에게는 활동이 곧 성공, 승리, 정복을 뜻하기 때문이다. 내가 그대에게 묻겠다. "그대는 활동성과 수동성을 어떻게 이해하는가?" 지남철을 가져다 놓고, 그 주위에 핀이나 바늘을 뿌려보아라. 그러면 지남철은 미동도 하지 않고 그 자리에 그대로 머물러 있는데도 핀과 바늘이 지남철 쪽으로 끌려가는 걸 알 수 있다. 그렇다면 지남철과 핀 중에서 어느 쪽이 실제로 활동적인 것인가?

활동성을 보다 많은 움직임으로 이해한다면, 에너지 또한 거대한 분주함을 뜻한다고 생각할 것이다. 자기 존재의 깊은 부분에는 지남철처럼 고요한 에너지가 들어 있다. 그 에너지는 수동적인 힘으로 보일지 모르나, 실은 보이지 않는 가운데 큰 힘을 작동시키고 있다.

그런 내면의 에너지를 키우고 나면, 더 이상 끊임없이 활동할 필요를 느끼지 않는다. 지남철처럼 가만히 앉아 있더라도 자신이 바라는 상황, 환경, 여건이 자연스럽게 자신에게로 끌려온다, 마치 지남철로 끌리는 핀이나 바늘처럼.

내면의 활력이라는 자력, 창조적이면서도 평온한 에너지를 갖길,

신이 그런 자력을 내려주시길.

잔잔한 물가에서

가끔 고요해져라. 세상에는 두 종류의 기쁨,
들뜨는 기쁨과 고요한 기쁨이 있다.
들뜨는 기쁨일 때는 기(氣:prana)가 터져 나오고
힘이 치솟는 느낌이 있으나 머지않아 크게 낙담하게 된다.
고요한 기쁨일 때는 지남철의 역동성과 같은 조용한 활력
삐걱거리거나 덜컹거리거나 들쭉날쭉하지 않고
평탄하면서도 잔잔한 내면의 만족이
맑은 물처럼 유장하고 온화하고 잔잔하게 흘러
자신의 내면에 감춰진 온갖 것들을 훤히 들여다볼 수 있다.

그 잔잔한 물가에 조용히 앉아 있어라.
관조에서 깨어났을 때 어떤 답도 얻지 못하더라도
그 후 많은 의문이 풀린다. 마음에서 복수의 욕망이 일 때
평탄해지고 차분해져라. 그러면 스스로 평탄해지는 강물과 같이
그대의 인생도 평탄하고 잔잔하게 흐른다.

그런 잔잔한 성품을 지니길, 신이 축복하시길.

침묵

말의 침묵은 진정한 침묵이 아닙니다.
마음의 침묵이야말로 진정한 침묵입니다.
침묵은 신 자체인 말씀의 무한함입니다.
태초에 침묵이 있었고 그 침묵은 태초부터 신 안에 있었습니다.

진심으로 고요하고, 평온하고, 잔잔한 마음에서 말을 하면
말이 말을 불러내는 그 힘이 수백수천 년 동안
온 지구로 퍼져갑니다.
명상의 침묵에서 그런 말들이 생겨납니다.

침묵 수행 중에 하는 말은 오직 진실뿐
진실을 말합시다, 유쾌한 진실을.
불쾌한 진실도, 즐거운 거짓도 말하지 맙시다.[32]
이것이 오랜 침묵의 법칙으로
    어떤 말이든 깊은 침묵에서 생겨날 때 비로소 말이 현실이 됩니다.[33]

빛과 사랑

신은 빛이고 사랑이시다.

그대의 마음이 진정으로 바라는 사랑은 모든 참 나 속에 있는 자신의 참 나를 깨닫는 것, 자신의 참 나 속에 있는 모든 참 나를 깨닫는 것. 이 빛과 사랑은 너무나 숭고해서 어떤 말로도 전달하지 못하고, 오직 깊고 깊은 명상 속에서만 자기 안에 있는 빛과 사랑이라는 저 우주의 깊이를 볼 수 있나니.

묻지 말고 사랑하라. 따지지 말고 사랑하라. 무조건 사랑하라. 사랑할 때는 "내가 무엇을 줄 수 있지?"라고 묻지 "내가 무엇을 받을 수 있지?"라고 묻지 않는다. 그러니 자신의 안정감에 대한 욕구나 이기적인 욕망을 감히 사랑의 이름으로 부르지 마라. 아무 것도 기대하지 말고 자신의 일부를 주라. 자신의 자유 일부를 포기해서 상대에게 주라. 그러면 머지않아 두 사람이 하나가 될 것인 즉, 그 사랑이 막달라 마리아를 사랑한 그리스도의 영과 같은 영에서 비롯된 것이므로.

    모든 이에 대한 사랑으로 신을 받들라. 오직 빛밖에 없나니.
    오직 사랑밖에 없나니.

오늘 그런 사랑의 소나기를 흠뻑 맞고, 신성한 빛과 사랑의 원으로 모든 이를 포옹하는 큰 깨달음을 얻길.

온화한 마음

한 순간이라도 밝게 타오를 수 있거늘 왜 늘 연기만 뽀얗게 뿜어내는가?[34] 얕은 곳에서 오래 놀지 마라. 잠시도 못 견디고 나오는 한이 있더라도 깊이 뛰어들라. 오래 명상하기 어렵다면 오래 하지 마라. 가서 침묵하라. 단 한번 숨 쉬는 그 순간만이라도.

몹시 화나더라도 마음을 고요히 가라앉혀라. 몹시 탐나더라도 곧장 달려들지 말고 멈춰 서라. 만날 때마다 짜증을 일으키는 이들을 친절히 대하라. 자신이 옳다는 걸 알 때 스스로 틀렸다 선언하라. 성난 적을 상냥한 웃음으로 대하라.

상대를 무찌르지 않으면 안되는 상황이 올지라도 행위의 밑바닥에서는 친절함이 드러나게 하라. 심한 말다툼을 하지 않으면 안되는 상황이 올지라도 틈틈이 작은 부드러운 행위를 해서 더 큰 전망에서는 모든 일이 다 사랑으로 수렴된다는 걸 보여줘라. 아기를 안을 때처럼 인생을 굳건히 붙잡으면서도 부드럽게 얼러라.

이 충고대로 할 수만 있다면 새가 어깨에 내려앉고, 늑대가 물지 않을 것이다. 팽팽히 대치하고 있는 군대라도 그대 앞에서는 무기를 내려놓을 정

도로 세상의 마음이 그대에게로 끌릴 것이다.[35]

오늘, 참된 사랑이자 평화인 온화한 마음을 갖길, 그대의 무의식이 초월의식의 사랑을 받아들여 모든 이들을 사랑으로 초대하길.

모든 살아 있는 존재에게 머릴 숙여라

신이 어떤 모습을 하고 나타나실지 모르니 모든 이에게 절하라. 두 손을 두 장의 꽃잎처럼 가슴 앞에 모은 다음 정중히 머리를 숙이고서 이렇게 말하라.[36] "제단 위의 한 송이 꽃처럼 내 마음의 모든 사랑, 내 머리의 모든 직관과 지능, 내 행위의 모든 힘을 당신께 바칩니다. 당신 안에 계신 신께 바칩니다."[37]

차돌맹이 하나에서 신을 보지 못한다면[38] 하늘의 태양에서도 그녀를 보지 못할 것이요, 하늘의 태양에서 보지 못한다면 참 나에서도, 그리스도에게서도 그녀를 보지 못할 것이니, 냇물 바닥을 구르는 자갈 속 천국이[39] 매순간 호흡속의 노래하는 천사들과 다르지 않다.

그러니 고양이를 안을 때 사자의 천성이 길들여짐을 알 것이요, 아기를 안을 때 나 자신의 영혼이 순수하고 티 없이 맑음을 볼지어다. 말을 길들여 굴레를 씌우듯 오감도 다스릴 수 있다. 그대가 아이 적 받은 어머니의 사랑이 모든 존재의 가슴에서 끊임없이 흐른다는 걸 상기시키기 위해, 암소는 평생 동안 그대에게 우유를 준다.[40]

지구를 고양이와 사자, 말과 암소, 아기 고래와 개미 알에 깃든 신성(神

性)과 함께 나누어라. 개 코는 풀밭에서 신성한 약초 향내를 맡고, 호랑이 눈은 신의 제단에서 촛불로 타오름을 잊지 마라. 어떤 모습이든 다 그녀가 변장하고 나타난 것이니,

모든 살아 있는 존재에게 머리를 숙여라.[41]

자기 정복

전쟁터에서 이기기를 바라는가.
정말로 이기기를 바란다면 먼저 자기부터 이겨야 한다.
자기를 정복하는 것이야말로 참된 정복이다.

초조할 때 마음을 진정시킬 수 있는가?
온몸이 흥분되고 숨이 차오를 때 천천히 숨쉴 수 있는가?
재잘거리는 마음을 잠시 가라앉히고
소란한 정신의 장막을 뚫고 나오는
직관의 메시지에 귀 기울일 수 있는가?

이 물음에 "그렇다"라고 답할 수 있다면 그대는 이미
전쟁터에서 이긴 것이다.

오늘 가장 깊은 곳에 있는 전투력을 명상하여 자신을 정복하길.

천개의 손으로 주라

정복하고 싶은가? 이기기 원하는가? 그러나 모든 일에는 대가가 따른다. 기뻐할 때마다 그에 상응하는 고통을 치러야 한다. 그대가 정복하기 위해 기꺼이 내어놓을 수 있는 대가는 무엇인가? 자신에게 속병을 안겨주고, 가족을 뿔뿔이 흩어 놓고, 친구 하나 없는 외톨이로 살게 하고, 바쁜 일정에 쫓겨 밤에도 잠들지 못하게 하는 성공을 원하는가? 그런 성공이 도대체 무슨 소용이 있단 말인가?

세상에서 원하는 걸 모두 얻을 뿐 아니라 몸 또한 건강하고, 신경이 편안하고, 가슴이 행복하고, 목소리가 부드럽고, 마음이 평화롭고, 가족이 기뻐하고, 위대한 진실을 이해하고 있다면 그것이야말로 참으로 성공한 것이다.

그러니 외적인 성공을 추구하더라도 이런 내적인 성공도 놓치지 마라. 내적 성공을 물질적인 안락의 대가로 송두리째 내어놓는 어리석은 자가 되지 마라. 내면의 인격은 실패자이면서 세상에서는 성공한 자가 되지 마라.

그렇다. 그대가 그러하기로 마음먹었으니 어서 가서 백 개의 손으로 물질의 재화를 모아라. 그리고 그렇게 모은 재화를 천 개의 손으로 베풀어라!

오늘, 사업이 번창하면서도 가장 값진 내면의 재화를 샘물처럼 풍성하게 나누어 주는 그런 완전한 성공을 이루길.

주고 싶을 때 주라

인간다운 충동에 맘껏 내맡겨라. 충동이 일 때마다 감추고 싶더라도 억압하지 마라. 마음에서 주려는 충동이 일 때 주라. 나누려는 충동이 생길 때 나누라. 믿기 원한다면 믿어라. 노인을 공경하고픈 충동이 이는가? 그렇다면 노인을 공경하라. 예배드리고 싶은데 왜 주저하는가? 마음을 다해 예배드려라. 자신을 희생하고 싶으면 웃으면서 희생하라.

다른 이들을 소중히 여기는 충동을 맘껏 드러내라. 다른 이들을 행복하게 해주려는 충동을 맘껏 발휘하라. 그렇다. 사랑을 받고자 원한다면 주저 말고 받아라. 마음을 나누려는 충동이 인다면 두려움을 버리고서 마음을 나누어라. 그래서 하나가 되라. 눈에 보이지 않는 신비한 것들을 찾아라. 그것 또한 그대 안에 숨겨진 충동이므로. 부드러움과 온화함을 나누려는 충동이 인다면 주저 말고 나누어라. 아름답게 보이고 싶다면 아름답게 보여라. 아름다워져라. 더 작아지기 원하면 더 작아져라. 늘 위대하고픈 충동은 또 어떠한가.

"아, 내가 즐거움을 주었구나. 웃음을 가져왔구나."라고 말하는 기쁨이 그대의 인생에 있게 하라. 두 사람이 싸우거든 한 사람과 눈을 맞추고서 웃어라. 그러면 두 사람의 긴장이 풀릴 것이다. 좌절에 빠졌을 때 조화를 찾아라. 조화의 씨를 뿌려라. 그렇다, 기쁨을 주어라.

그러니 충동대로 하라. 흔히 하던 습관대로 충동을 억압하지 마라. 사랑하고 싶으면 사랑하라. 불화 가운데 조화의 씨를 뿌리기 원한다면 웃어라. 주고자 하는 충동이 일 때 주어라.

인간다운 신성한 충동에 몰입하는 자유를 얻길.

자, 무엇을 즐길지 보자

어떤 상황에서든 "자, 얼마나 고통스러울지 보자"라고 말하지 말고, "자, 무엇을 즐길지 보자"라고 말하라. 이렇게 하면 자신이 받게 될 마음의 기쁨이 자신이 겪을 불편을 덜고도 남을 것이다.

지금 호수를 바라보고 있으면서도 바다가 못내 그립다면, 그래서 바다를 보지 못해 조바심이 난다면 바다의 기쁨도, 호수의 즐거움도 누리지 못한다. 내일 바다를 찾아 떠날지라도 지금 이 순간의 풍요를 즐겨라.

그토록 바라는 바다를 찾아 떠나지 못한다면, 지금의 곤경에서 벗어날 방도를 찾지 못한다면, 늘 명심할지니, 마음 속에 어떤 벽이 있어 직관이 의식 있는 마음으로 흘러들어오지 못하게 막고 있음을. 마음이 현재에 만족하지 못하고 미래를 근심하는 거미집으로 둘러싸여 있다면 희미한 안개에서 빠져나오는 길을 찾을 수 없다. 마음의 긴장을 풀고 이 순간의 풍요를 맛보라. 그러면 얼마 후 답이 저절로 흘러나온다.

명상으로 마음을 이완시켜 현재의 불안과 미래의 근심에서 벗어나길.

순간이라는 보화

그대는 보화를 갖고 있다. 세속의 보화는 화폐 단위로 세지만, 인생의 보화는 순간이라는 단위로 센다. 돈은 다 쓰더라도 다시 벌 수 있지만, 순간은 한번 쓰고 나면 다시 벌지 못한다. 화폐 재원을 아껴 쓰듯, 주어진 이 순간을 현명하게 써라. 한 호흡 한 호흡이 10센트 동전과 같다면 그대는 오늘 오전에 얼마나 많은 동전을 허비했고, 얼마나 많은 동전을 더 높은 깨달음에 썼는가? 출중한 인물이나 위인이 되기 원하고, 혼자 힘으로 서기 원하는가? 작은 돌풍에 쉽게 흔들리지 않고, 늦가을 잎사귀마냥 쉽게 떨어져 나뒹굴지 않고, 무른 흙처럼 쉽게 파헤쳐지지 않는 그런 사람이 되기 원하는가? 운명, 행동, 생각을 스스로 선택하는 그런 사람이 되기 원하는가? 자신의 생각을 선택할 수 있어야 행동과 운명도 선택할 수 있으니, 그대 다시는 다른 어떤 것도 바라지 않을 것이다. 그대 자신이 바로 생각이자 행동으로, 원하는 대로 하는 힘이다. 그대가 의지력이다. 이렇게 되려면 먼저 순간이라는 자원을 현명하게 활용해야 한다. 호흡의 흐름을 따라 흐르는 명상하는 생각이 자신의 의지(意志)가 되게 하라. 그러면 주어진 이 순간이 보화라는 걸 깨달으리니. 순간 순간이 그대 인생의 호흡이게 하라. 매 순간이 그대 인생의 호흡임을 깨달을지니, 깨달을지니.

번창하길, 명상하는 시간으로 부자 되길.

마음과 호흡

우주의 마음

예언서, 잠언, 시편은 옛날 예언자들이 캐낸 보석이다. 자기 마음 광산의 광맥을 상세히 알 수 있다면 누구든지 영원한 황금빛 지혜의 생각으로 부유해진다. 석탄을 캘지, 다이아몬드를 캘지는 다이아몬드 광맥을 제대로 찾아내는 법을 알고 있느냐, 또 어디를 파야 하는지 알고 있느냐에 달렸다.

인류 역사는 인간 마음의 역사이다. 온갖 도구와 장난감, 온갖 고통과 기쁨이 마음이라는 내용물로 빚은 창조물이다. 남자든 여자든 그대는 마음이다. 그대 안의 짐승이 작은 마음이라면, 그대 안의 신은 더 높은 마음이다. 그 높은 마음이 각자의 마음의 빛 속에 있는 태양의 의식(意識)이다. 풀 한 잎의 성장, 꽃들의 수정, 갖가지 열정의 접합, 영적 구도자의 입문, 이런 것들도 다 마음에 속한다. 신의 마음이 이 세상이 되었다.[42] 세상에 마음을 둔 것이 바로 나다. 명상으로 나를 더 높은 참 나에 무릎 꿇린다 함은 파도가 바다 속으로 가라앉음과 같다.

그대 마음이 우주 마음의 곡조로 노래하길, 그대 자신이 우주 가락과 조화를 이룬 한 소절이길.

독심술

우리 중에서 독심술사가 되고 싶어하는 이들이 많다. 그런 이들은 무슨 까닭에 자신의 사생활은 침범당하기 싫어하면서도 남의 사생활은 침범하고 싶어하는 걸까? 손금 보는 이들과 점치는 이들도 많고, 그런 이들을 찾아다니는 이들은 더 많다. "내 별 점은 어떠냐?"고 그들은 묻는다.

별 점이 내 인생을 좌우하는가? 별 점이 내 행동을 지시하는가? 그것이 내 의지, 내 가장 깊은 참 나의 분명한 결단인가?

별자리가 내 행동을 지배한다면, 그 별자리는 도대체 누가 지배하는가? 무슨 까닭에 그에게로 직접 가려 하지 않는가? 별들의 운명을 좌우하는 그에게로 갈 수 없다면 무슨 까닭에 나 자신에게로 눈을 돌려 내 안에서 내 운명을 지은 그를 찾지 않는가?

독심술사가 되기 원한다면 자기 마음에서부터 시작하라. 자기 마음을 읽을 수 있는가? 오늘 아침 깨어나면서부터 지금까지 도대체 무슨 생각을 해왔는가? 무슨 까닭에 내 인격의 성채, 내 마음의 궁정에서 달아나 다른 이들에게 구차하게 손을 벌리는가? 내 마음 깊은 곳에 눈을 돌린다면 그 핵심 어딘가에 이르러 위대한 참 나와 이어진다. 지금 이 순간 확장된 의식의 결단력이 내 인생을 영원히 바꿔놓는다. 현재의 의존하는 마음에서 스스로를 끌어내 참 나에 대한 확신을 갖고 나 자신에서부터 시작해 당당히 앞으로 나아가라.

마음이 자유를 얻길, 자유와 독립을 얻길.

신과의 연결고리

등불이 온 방안을 밝히지만 등잔 밑은 어둡듯, 눈으로 온갖 것을 보나 눈은 보지 못한다. 주변 환경이 변하는 건 알지만 자신의 인격이 끊임없이 변하는 건 알지 못한다.

순간순간 헤아릴 수 없이 많은 행동과 경험이 마음에 흔적을 남긴다. 그 흔적이 합쳐져 마음이 어떤 기질을 갖게 되고, 그래서 자신의 인격이 바늘을 끄는 지남철처럼 특정 상황을 끄는 힘을 갖게 된다.

오늘 내가 어떤 사람이 되고 싶은지 결정해보라. 그러면 어떤 상황들이 내 마음에 드는지도 결정할 수 있다. 그러니 생각을 들여다보는 법부터 배워라. 그런 다음 생각을 짓는 법을 배우고, 그 생각들로 주변 환경을 짓는 법을 배워라. 그리고서 마음 폭풍 중심에 잔잔한 눈을 찾아내 주변 환경에서 자유로워지는 법을 배워라.

마음이 나와 나의 참 나 사이의 울타리이면서 동시에 나와 신을 이어주는 연결고리이니, 오늘 잃어버리고 사라지는 마음의 순간들이 그대와 영원한 신을 이어주는 연결고리가 되길.

가장 깊은 곳의 보물

그대는 마음 광산 곳곳에서 캐낸 무수히 많은 광물을 무의식의 화로에 넣고 용해시켰다. 이 해안에서 저 해안으로 수도 없이 바다를 건너다니며 다양한 경험과 행동을 나누었다. 여러 궁궐을 찾아가 호의를 구해서 보화도 많이 얻었지만 못 쓰는 폐물도 많이 모았다. 그러나 보화라고 생각했던 물건이라도 늘 보화였던 것은 아니다. 사실 그대가 얻은 보화 중에서 깨진 바닷조개 이상으로 값어치가 나가는 것이 과연 몇 개나 있었는가 말이다.[43]

조용히 홀로 앉아 생각해보라. 자신이 얻고자 애쓰는 것들이 정말 그만큼 얻고자 애쓸 값어치가 있다는 확신이 드는가? 왜 지금 당장 정말 값어치가 나가는 보물을 찾아 나서지 않는가? 왜 나지도 않고 죽지도 않는 자기 인격(人格)의 항아리에 모여진, 투명한 우주의 빛줄기 황금빛 보물을 구하지 않는가? 날이면 날마다 눈만 뜨면 나고 병들고 늙고 죽는 윤회를 목격하면서도 왜 망상의 포도주에 취해 나 자신의 참 나로 깨어나지 못하는가? 예전에 관심을 가졌던 일 중에서 이 날 이 때까지 지속되는 일이 과연 몇 가지나 있는가 말이다.

왜 영원의 태초부터 존재했고, 무한의 끝까지 존재할 보물을 구하지 않는가?

집중(集中)의 문으로 들어가라. 그러면 마음 궁전의 온갖 방에서 관심을 끄는 물건들을 보게 될 것이요, 그대 다시는 그곳을 떠나지 않으리라.

오늘 마음 가장 깊은 곳에서 보물을 발견하길.

내 마음이여, 어린아이여

마음이여, 왜 너는 어린아이처럼 행동하는가? 장난감이라면 가리지 않고 갖고 싶어하고, 반짝이는 것이라면 닥치는 대로 움켜쥐고 내놓지 않으려 하는가? 왜 조약돌이나 자갈을 보면 주머니에 모아놓고 싶어해, 나로 걸어다니기 힘들게 만드는가? 고요한 순간의 달빛 진주들로 엮은 목걸이들을 네가 얼마나 많이 풀어헤쳐 버려놓았는가 말이다. 빛나는 생각들, 태양빛으로 수놓은 레이스들을 네가 얼마나 많이 풀어버렸는가 말이다. 오, 마음이여.

마음이여, 왜 너는 설익은 채 자라지 않는가? 너는 자신이 신성한 운명을 지닌 고귀한 혈통에 속한다는 걸 뻔히 알면서도, 무슨 심보에서 야수와 같은 작은 악의와 폭력의 무리에 가담해서 내게 못된 장난을 해대는가? 너는 지금 순간에는 이 색채로, 다음 순간에는 저 색채로 되는 대로 온갖 물감을 도화지 위에 뿌려놓는구나. 갓난아기가 그림 그리듯 해놓고는 그것을 경험이라 자랑하는구나. 오, 마음이여.

마음이여, 주의 깊게 색채를 골라라. 그래서 선을 그리려무나. 여기는 기도를, 저기는 호흡을, 여기 미간(眉間)에는 빛을, 저기 오른쪽 귀에는 천상의 소리를.[44] 마음이여, 오라. 오늘 같이 앉아보자꾸나. 나와, 형제인 호흡과, 너, 이렇게 셋이서만. 그리하여 내 밝은 빛을 비추게 해다오, 너를 곱게 가꾸게 해다오. 내 마음이여, 내 어린아이여.

마음을 굽어보라

마음이야말로 진정한 인격, 온갖 움직임과 몸짓과 말로 나타나는 것, 온갖 반응과 결정이 나오는 곳. 그대는 매일 얼굴을 씻고 난 다음 세상에 얼굴을 보여주지 않는가! 그렇다면 진정한 얼굴인 마음은 왜 씻지 않는가?

마음은 주인의 호의를 얻고 싶어하는 하인이다. 그러니 마음을 굽어보라. 그러면 스스로 깨끗이 씻을 것이다. 제멋대로 놔둬라. 그러면 주인의 명예를 더럽힐 것이다. 명상의 실제 기술은 다만 꾸준히 마음을 바라보는 것. 그러니 날마다 이 네 가지 생각의 법칙을 잊지 말고 행하라.

나쁜 생각이 들면 내쫓는다.
나쁜 생각이 아직 들지 않았으면 들지 못하게 한다.
좋은 생각이 아직 들지 않았으면 들게 한다.
좋은 생각이 들면 꾸준히 가꿔 크게 자라도록 돕는다.[45)]

이렇게 생각을 바라본다면 전에는 아무도 자신을 사랑하지 않았더라도 지금은 많은 이들이 사랑할 것이다. 전엔 아무도 자신에게 매력을 느끼지 못했더라도 지금은 많은 이들에게 매력을 느끼게 할 것이다. 전에는 쇳조각에 불과했더라도 지금은 지남철이 될 것이다.

오늘 굽어볼 수 있는 마음이길, 깨끗이 씻은 마음이길, 영적 에너지로 자력을 일으키는 마음이길, 마음이 아름다운 생각으로 가득하길.

호흡

호흡은 코 안 두 강둑 사이를 흐르는 강이다. 육체적으로는 이 강의 지류가 배꼽 근처의 태양신경총에서 시작되나, 그 근원인 영의 지류는 이마 뒤 동공(洞空)에서 시작된다. 이 근원 에너지는 숨을 들이쉬고 내쉴 때마다 이렇게 선언한다. "나는 생명이다. 나는 깨달음이다. 나는 한 존재다. 나는 우울이나 죽음에 속하지 않는다. 나는 영원한 희망인 바로 참 나다."[46]

호흡이 배꼽과 폐에서 비롯된다면 그런 호흡은 그저 바람결에 불과할 뿐이나, 그 근원이 마음에 있고, 마음에 힘을 일으킨다는 걸 안다면, 그때의 호흡은 곧 태양빛이요, 하늘을 나는 날개 달린 영혼이다. 그러기에 일컫길, "나다. 나는 곧 나다. 아브라함이 있기 전부터 나는 존재한다."[47] 라고 하지 않았는가. 호흡이 지금 이 순간의 찬가를 영원의 노래로 부르고 있다.

오늘 호흡으로, 변함 중에 변하지 않음을, 이 순간 중에 영원을 알게 되길. 마음 지류의 흐름인 호흡에 꾸준히 귀 기울일 때 찾아오는 정적을 갖길. 미간의 문들 뒤에 숨은 마음의 방, 지혜와 영감으로 열리길.[48]

과도기

두 소리 사이에 침묵이 있고, 두 호흡 사이에 숨 없는 순간이 있고, 두 생각 사이에 마음의 고요가 있다.[49] 그 침묵, 그 숨 없는 순간, 그 마음의 고요가 이 쪽과 저 쪽 벽 사이에 난 문이다. 그 문을 열어 친절한 생각만 들어오게 할 수도 있지만 날뛰는 강도들의 무리가 들어올 수도 있다. 자신의 의지가 그 문을 지키는 수위(守衛)이다.

이처럼 두 곳 사이에서, 두 순간 사이에서, 두 행동 사이에서 한 과도기가 있다. 그것이 올해와 내년 사이의 크리스마스다. 만남과 헤어짐 사이의 인사다. 누군가의 집을 쓴 웃음을 지으며 들어갈 수도 있지만, 활짝 웃으며 들어갈 수도 있다. 선한 의지의 씨앗을 심든지 악한 의지의 씨앗을 심든지 언젠가 그 씨앗에서 자라난 열매를 거둔다.

그러니 순간순간 자신의 과도기를 바라보라. 생각의 길이가 곧 호흡의 길이이다. 들숨과 날숨 사이에 난 문으로 어떤 생각, 느낌이 들어가느냐에 따라 내면의 저수지가 맑아지기도 하고 흐려지기도 한다. 그러니 호흡을 바라보라. 내면 방 안의 고요와 침묵이 언짢고 해로운 돌발적인 생각으로 깨어지지 않게 하라.

그대는 가족이 밤잠을 자는 동안 단꿈을 꾸기 바라지 않는가. 그대 또한 낮에 깨어 있는 동안 줄곧 달콤한 생각을 하길.

낮 동안의 명상으로 한낮의 빛으로 그득한 아주 밝고, 부드러운 생각을 하길.

평화가 있길.

내 마음이여,
아름답고 거룩한 생각으로 가득하길

깨어 있는 동안 한껏 여행하고
잠든 동안에도 멀리 가는 그것
그렇게 멀리 나아가는 것, 모든 빛 중의 빛
내 마음이여, 아름답고 거룩한 생각으로 가득하길.

현자들로 행동하게 하고
사제들로 성직의 의무와 예배를 다 하도록 하는 그것
모든 존재에 감추어진 유일하고 신비한 인격인 것
내 마음이여, 아름답고 거룩한 생각으로 가득하길.

절대적인 지식이자 마음 재료의 저수지이고
존재마다 감추어진 빛인 그것
그것 없이는 어떤 일도 이루어지지 않는 것
내 마음이여, 아름답고 거룩한 생각으로 가득하길.

이 세상 과거, 현재, 미래를 지탱하는 불멸의 존재
그것에 의해, 그것을 통해
일곱 사제의 희생이 행해지는 것

그것에 의해, 그것을 거치는 그것
내 마음이여, 아름답고 거룩한 생각으로 가득하길.

수레바퀴의 살처럼
지혜의 세 자녀인 지식, 행동, 음악을 떠받치는 것
용감한 전차를 모는 전사인 그것
내 마음이여, 아름답고 거룩한 생각으로 가득하길.

말의 고삐를 단단히 쥐고
전차 모는 뛰어난 전사처럼 인간을 이끄는 그것
가장 빠르고 날랜, 살아 있는 저 심장
내 마음이여, 아름답고 거룩한 생각으로 가득하길.[50]

마음과 명상

마음이란 인도자가 없으면 거친 말이 끌고 가는 전차와 같아[51]
언젠가 주인을 길바닥으로 내동댕이치기 마련.
길을 가려면 아주 조심스러워야 하나니
명상하지 않는 마음은 한쪽 구석만 비추는 산만하고 희미한 빛.
명상하는 의식은 검은 화강암 같은 짙은 어둠을 가르는 날카로운 광선.

꿈, 환상, 상상, 소망은 무의식의 한 구석에서 일어나는 소란
그 속에 감각적 인상이라는 거미들이 부지런히 집을 짓는다.
명상하는 마음은 빛으로 그득한 구름 한 점 없는 푸른 하늘.[52]
바람 한 점 없이 타오르는 불꽃.
그런 하늘이어야만 그런 불꽃이어야만 날기에 좋고
진정으로 빛을 발하듯 그런 마음이어야만 자유의 도구가 된다.

그러니 혼돈, 맑음, 구름, 해, 즐거운 것, 선한 것 사이에서
오늘 굳게 다짐하자. "이생에서 꼭 깨닫겠다고. 이생에서 그리스도와
같이 되겠다고. 주어진 호흡으로 부처와 같이 되겠다고."

형제인 마음이여, 부디 명상으로 날 돕길.

마음 없는 마음

비에 씻긴 과일
　냇물에 씻긴 조약돌
　　해에 씻긴 지구인(地球人)
　　　자빠(japa)에 씻긴 마음.[53]
잎 뒤에 숨은 딸기
　나무 뒤에 숨은 그늘
　　달이 덮어주는 자연
　　　구루가 덮어주는 마음.
옴이 중심인 말
　만뜨라가 중심인 생각
　　한 점이 중심인 원
　　　영혼이 중심인 마음.
바람이 사랑한 산
　미풍이 사랑한 언덕
　　시편이 사랑한 예언자
　　　신이 사랑한 마음.
육신의 껍질을 벗겨
　온갖 뒤틀린 기(氣)를 펴고

숨 막는 힘의 매듭도 풀고
부드러운 무념의 상념에 잠기자.
이름도 번호도 계측할 공간도 없이
태양 박동으로 때를 알리는
신성하고 집중된 묶이지 않는 마음을
심장의 눈으로 보라.
칼날의 지식, 광선의 지혜는
길 없는 길을 가는 한 쌍의 바퀴
마음만 뒤에 남기네.
자빠에 씻긴 마음을
구루가 덮어주는 마음을
영혼이 중심인 마음을
신이 사랑한 마음을.
신께 가는 충성의 길에
한 점 흠 없는 영혼들로
아무 마음 없는 마음의 성자들로
훈련 받고 길들여진, 버리고 가는 마음.

명상

거울

내 마음이여, 너는 거울,[54] 너무 흐려 내 얼굴조차 알아보기 힘든 거울. 너는 오감의 창을 모두 열고 오만 가지 소리와 광경을 불러들이며 이 창에서 저 창으로 분주히 뛰어다니누나. 현재의 진실을 나에게서 흐려놓는구나. 왜냐, 마음아?

마음이여, 호흡에 생명을 주고, 오감에 지각의 빛을 주었듯 너에게는 기민함을 주었건만, 너는 왜 끝없이 순환하는 무지와 고통, 죽음과 탄생으로 우리를 끌고 다니느냐. 이 흙집, 육신을 같이 쓰는 우리가 친구가 될 순 없겠니, 마음아?

마음이여, 잠시라도 저 창을 모두 닫고 조용히 앉아 있자. 호흡을 흩뜨리지 말고, 차분해지자. 네 얼굴을 씻기고, 네 지혜의 눈을 밝게 하여 나로 내 참 얼굴을 똑똑히 보게 해다오. 그래, 우리 함께 끝없이 구르는 수레바퀴에서 내려 영원한 고요의 세계로 들어가자꾸나. 너는 저기 바깥에 있는 것들에 온통 마음을 써왔으나, 이제 잠시라도 안으로 마음을 돌려 내 말에 귀 기울여다오. 우리가 친구가 될 순 없겠니, 마음아? 진정하고, 조용하라, 형제인 마음아.[55]

참 나의 부름

마음속 참 나를 위해 외로운 게 아니라면, 도대체 누구를 위해 외로운가? 내면 참 나의 부름을 듣고 있는 게 아니라면, 도대체 누구의 부름을 듣고 있는가? 양심, 죄의식, 사랑은 참 나가 입고 있는 의복일 뿐이니, 인격의 가면을 내면에 있는 참 나와 혼동하면 늘 무지 탓에 외롭고 죄의식을 느끼게 될 거다. 가면임을 아는 족족 벗어 던진다면 내 얼굴이 바로 그 얼굴이요, 거울이자 거울에 비친 상임을 알게 된다. 내가 바로 부르는 그이요, 듣는 그 목소리이다. 그 목소리에 화답하는 그이 또한 나 자신이다.

내면의 부름이 한동안 들리지 않거늘, 왜 들으려 애쓰지 않는가? 오래 전부터 그것이 부르고 있거늘, 왜 귀를 막고 듣지 않는가? 하루 동안만이라도 일평생 모은 소유물, 모든 인상과 기억과 경험을 내버리자. 천진(天眞) 그 자체로 자신의 제단 위 자신의 빛 앞에 서라. 그러면 그 빛이 참 빛을 부르고, 그 불꽃이 참 불꽃과 합쳐진다.

경험 많은 이는 명상하지 못한다. 오직 천진한 이만이 할 수 있다.

오늘 온갖 경험을 버리길. 참 평화이자 참 빛인 천진한 순수함을 지니길.

크리슈나

몸은 거꾸로 선 나무.[56]
뿌리는 신성한 하늘처럼 둥근
머리에서부터 뻗어나와 휘날리고
가지는 아래쪽으로 달려 있다.
무성한 이파리들 사이로 누구든 매혹시키고 황홀에 빠뜨리는
멋진 그대의 크리슈나가 숨어 있다.[57] 그가 플루트를 들고 기이한 곡조로
부르면 오감의 암소들이 풀밭에서 풀을 뜯다가 모여든다.
　이것이 그대의 첫 명상이다.

그러면 장난기 많은 크리슈나는 더 기이한 곡조로 부르고
내면의 기(氣)가 온갖 무희와 발레리나의 아름다운 모습으로 흘러나와
그를 황홀히 바라본다.
　이것이 그대의 두 번째 명상이다.

저 건너편에 순수한 축복이 있나니
어디 가서 그 나라의 언어를 배울 수 있는가? 우리가 생각에 빠져 있는
동안 어느 틈엔가 사랑스럽고 매력적인 그이가 우리를 꾀어 그 나라로 데
려간다.

오늘 그렇게 크리슈나에게 납치되길.
그대를 매혹시키고 사랑할 저 플루트 연주자의 세상으로 행복한 여행을 떠나길.

자신을 자신에게로

자신을 자신에게로 끌어당겨라. 바깥 것일랑 모두 비우고, 마음에서 온전히 내 것이라고 여겨지는 힘이 무엇이 있나 찾아보라. 명상하면 몸이 완전히 이완된다. 모든 근육이 유연해져 어떤 경련도, 어떤 움직임도 일어나지 않는다. 마음을 비웠으니 편안해진다. 마음이 편안해지니 호흡이 고르고 부드럽게 흘러간다. 마음의 공허함이 말끔히 채워져 어디에서도 낯선 테두리가 보이지 않는다. 뇌가 맑아지고 생각이 왔다 갔다 하지 않는다.

이렇게 마음이 평탄해지면 감정이 평탄해지고 평정한 인격이 자란다. 초기에는 그런 평정이 가만히 앉아 명상을 할 때에만 잠시 지속될지 모른다. 명상이 무르익으면서 서서히 그런 평정이 인격에까지 스며들기 시작하고 모든 생각, 말, 육신의 행위에서 자연스럽게 드러나기 시작한다.

태평양을 마지막 한 방울까지 비우고 빛의 물로 채워라.[58] 그렇게 해서 측량할 길 없게 된 태평양이 바로 마음의 깊이이다.

빛으로 채워진 의식의 깊은 바다로 뛰어들길.

호흡의 노래를 들어라

자기 호흡의 노래를 들어야 하나니, 밤과 낮 끊임없이 희망, 빛, 생명을 노래하기 때문. 숨을 들이쉬면서 마음으로 소(so)라고 노래하는 소리를 들어라. 숨을 내쉬면서 함(ham)이라고 말하는 소리를 들어라.[59] 숨을 내쉬고 들이쉴 때마다 호흡이 소함(soham), "내가 곧 그분이다. 나는 곧 나다. 아브라함이 있기 전부터 나는 존재한다."라고 노래하는 소리를 들어라. "나는 영원한 생명, 날개 달린 영혼, 순수하고 자유로운 태양의 흰 새다"라고 노래하는 소리를 들어라.

길을 잃었는가? 호흡이 소함(soham), 곧 "나는 내 마음의 신이 찾는 그이다"라고 말하는 소리를 들어라. 절망에 빠졌는가? 호흡이 삶을 노래하고 있음을 기억하라. 그대는 웃음과 눈물, 문제와 해답처럼 그대의 생기(生氣)인 호흡을 동반자로 삼았다.

호흡에 마음을 붙들어 매라. 콧속에서 호흡의 흐름을 느끼고, 양 눈썹의 해안가에서 대양의 조류를 느껴라. 소함, 곧 "나다"라고 노래하는 소리를 들어라. 마음을 다시 호흡의 느낌에 맞추고서 마음이 일어났다 꺼지는 저 깊은 생명력으로 그 내면의 흐름이 나를 데려가게 하라. 부디 호흡이 저 생명 물살의 근원, 침묵이 말을 덮고 빛을 펼쳐놓은 곳으로 그대를 데려가길.

만뜨라는 미풍 호흡의 하늘을 뚫고

만뜨라는 부드러운 호흡의 하늘을 뚫고 맑은 대기로 치솟으며 미끄러지듯 나아간다.[60] 마음 너머 성층권에서는 우주의 빛나는 광선들을 가로지른다. 마치 우리 세상 마음에 떨어지는 유성들처럼. 그대 귀에 울리는 종은 이 지상에 울리는 종소리가 아니다.[61]

단단한 지반인 그대의 자세에서 빛의 기둥이 일어나 하늘을 관통한다. 이 믿음이 비록 산을 옮기진 못하더라도 그대 팔다리의 구석구석을 편안하게 한다.

지하 동굴 여기저기에서 불이 타오르고, 분화구가 폭발하고, 호수와 시내가 큰 파도를 일으키며 요동친다. 그렇더라도 몸은 바위처럼 앉아 있고 영혼이 움직인다. 신의 호흡이 부드럽게 내면 저수지를 스쳐 잔잔하게 수면이 일렁인다.

그대 해변에서 철썩이는 파도여, 그대 머리 끝에서 발 끝까지 넘쳐나는 조수여, 그대 입에 거하며 노래하는 소피아의 목소리를 듣고 일어서는 태평양의 심해여.

이들은 영원의 나라에서 온 친구들.
여행길은 멀지 않으니, 몇 번의 환생이 있을 뿐.[62]
바다 또한 넓지 않으니, 몇 번의 겁(劫)을 거칠 뿐

인내하라 형제인 영혼아, 다른 이들이 거기 이르렀듯 그대도 반드시 거기 이른다. 마음은 알고 있나니, 생령의 기(氣)가 친구가 되고 만뜨라가 저 너머 성층권에 이를 때 피안이 멀지 않음을, 육신의 보트가 그 땅 중의 땅에 이르리라는 걸. 그 실체의 땅에, 빛의 땅에.

아주 커다란 문제들

갖가지 문제들로 골머리를 앓고 있다면 더 큰 문제를 바라보라. 그러면 작은 문제들이 눈앞에서 사라질 것이다. 소소한 의문에 대한 해답은 언제나 커다란 의문 속에서 찾아지기 마련. 마음에서 사소한 생각들끼리 다투고 있다면 그 모든 생각을 한 생각 속에 푹 담가놓아라.

어딜 가야 그런 커다란 문제, 거대한 의문, 온갖 생각을 흡수하는 생각을 찾을 수 있을까? 마음 저수지의 수면 위로 부드럽게 호흡하라. 그러면 명상이 물살을 일으켜 거대한 과일들이 자라는 섬으로 데려갈 것이다. 마음의 수면 위로 부드럽게 불어라.[63]

내가 그런 무거운 짐을 질 만한 힘이 있을까? 나는 이렇게 말한다. 그대의 작은 짐들이 인류의 어른인 그리스도, 크리슈나, 부처가 졌던 짐보다 훨씬 더 무겁다고. 그리스도, 크리슈나, 부처는 오늘의 명상 속에서 침묵하지만, 바로 그 침묵이 그대를 인도하고 그대에게 힘을 주는 목소리라고.

침묵하는 명상의 힘을 갖길.

초의식의 빛

기이하게도 그대의 내면에서는 감지되지 않는 무명(無名)의 독이 의식을 무의식으로 바꾸어 놓는다. 그 독이 오감에 비쳐지는 모습을 왜곡하고, 영감의 물결을 오염시키고, 그림자에 불과한 것들을 왕이나 왕비처럼 떠받든다. 경험이 오감의 창을 통해 안으로 들어갈 때마다 창 뒤에 숨은 무의식이 지각을 바꾸어 놓으므로 경험의 찌꺼기가 마음 호수 밑바닥에 쌓인다. 그 찌꺼기가 빛을 그림자로 오인하게 하고, 직관을 오도한다.

초의식만이 그대를 정화하여 그 바다를 고요하고 평온하게 한다. 명상할 때 과거의 행동과 경험의 찌꺼기가 바다에서 일어나지 않게 하라. 초의식이 면도날처럼 나를 자르게 하라. 초의식이 지금 걷고 있는 숲길을 번개처럼[64] 때리게 하라. 무의식의 야유가 일어나지 못하게 하라. 무의식의 두려움이 표면으로 떠오르지 못하게 하라.

오늘 무의식을 전부 잃어버리길, 그 깊은 곳에서 일어나는 음울함을 남김없이 없애버리길, 초의식의 빛이 그 굴로 스며들어 그 안을 영원히 밝혀주길.

무한 해독제

그대는 어떤 독물이든 들이킬 수 있다. 그 치명적인 결과로 생겨나는 두서없는 생각, 시도 때도 없는 신경의 자극, 불필요한 근육의 긴장이라는 독, 숨을 얕게 쉼으로써 폐에 남게 되는 독을 스스로 치유할 수 있다.

인체 안에는 해독제를 처방하는 의사가 산다. 하품을 하면 폐에 공기가 가득 찬다. 몸을 늘이면 근육이 이완된다. 잠을 자면 뇌가 부인(否認)의 숲 그늘로 피신한다. 그물처럼 복잡하게 엉킨 시내, 수로, 지류를 항해하는 마음이 의식의 노고에서 벗어나 꿈이라는 깊은 수렁, 열대 삼림지대, 연기를 내뿜는 화산을 멍하니 바라본다. 그러나 이런 것들은 일시적인 해독제로 잘해야 겨우 몇 시간쯤 효과를 볼 뿐이다. 그러니 더 깊은 평화를 찾아야 한다.

명상은 신성한 약초의 진액이다. 그것은 몸, 호흡, 뇌에 스미는 혈청이다. 한 방울의 영원한 빛이다. 이 한 방울이 갈라진 바위 틈새로 떨어지면 동굴 전체가 환하게 밝아지기 시작한다.

그러니 오늘부터 날마다 독의 해독제를 마시자. 영생 불후의 음료, 영원히 마르지 않는 평화의 음료를 들이키자. 자, 건배!

명상이 곧 나의 집

낮에 나날의 의무라는 모래사막을 헤매 다닌 후, 밤에 악몽의 신기루에서 허우적댄 후, 다시 자신의 집인 영혼의 안락과 휴식으로 돌아오라. 보석을 세상으로 흩트린 후, 다시 돌아와 더 많이 모아라. 열정과 갈망과 좌절의 따가운 불꽃 아래 피부를 태운 후, 그늘로 돌아와 향유를 바르라. 적어도 하루에 한번은 자신의 집인 명상의 자리로 돌아오라.[65] 집으로 돌아와 쉬라.

오늘 늪지대를 지나면서 정신과 몸이 상처를 입었다. 영혼도 약간 더러워져 광채가 다소 흐릿해졌다. 그러나 여기 거룩한 요단 강, 어머니 갠지스 강이 흐른다.[66] 맑은 시냇물이 그대 이마인 산 정상에서부터 은밀한 동굴로 흘러들어간다. 깊이 숨 쉬라. 냇물에 몸을 맡기고, 부정일랑 모두 씻어 내려라. 다시 힘을 얻으면 인식과 감각의 문을 과감히 열고 세상의 숲으로 나가 경험을 사냥하라. 넓게 그리고 멀리 여행하라. 그러나 하루에 한번은 반드시 명상의 자리로, 진정한 마음의 집으로 돌아오라.

우주 곡조에 맞춰 춤춰라

바다에 떠다니는 나뭇조각은 작은 물결에도 이리저리 요동치지만, 능숙한 선장이 이끄는 배는 산더미 같은 파도도 견딘다. 일상의 초조한 감정은 자유 의지로 항해하는 배의 몫이 아니라, 떠다니는 나뭇조각의 몫이다.

흙으로 돌아가야 한다면 작은 먼지조각이 되지 말고 행성 전체가 되라. 곧 꺼지는 불똥이 되지 말고 산 전체를 태우는 큰 불이 되라. 웅덩이가 되지 말고 바다가 되라. 자아가 작다면 하루 천 개의 슬픔이 너를 압도하고, 하루 천 개의 작은 폭풍에 너의 불꽃이 꺼진다.

자신을 명상으로 자라게 하고, 광대한 참 나에 다가서게 하라. 그래서 작은 슬픔이 울지 못하게 하고, 작은 기쁨이 춤추지 못하게 하라. 마음으로 오로지 우주 곡조에 맞춰 춤추게 하라. 명상하는 고요한 마음이 무한으로 데려가거늘, 왜 하찮은 작은 물결에 이리저리 흔들려야 한단 말인가?

오늘 많은 문제를 처리해야 한다면 진정으로 큰 문제를 처리해서, 참 나의 바다에서 위대한 해결책을 발견하길, 고요한 마음의 균형과 평정을 갖길.

생명력

참깨만한 크기의 작은 개미라도 생명력이 왕성해서 크기에 비해 놀라운 힘을 발휘한다. 별과 은하들이 사방에 퍼져 있는 전 우주에는 과연 얼마만한 왕성한 생명력이 힘을 발휘하고 있을지 상상해보라.

이제 인간과 같은 존재가 있는지, 인간의 생명과 의식의 본질이 무엇인지 곰곰이 생각해보면서, 자기 몸 안의 적혈구와 백혈구를 상상해보자. 최고로 뛰어난 천재가 있어 우주에 퍼진 생명력의 실체를 이해하려고 애쓴다 하더라도 그의 생각이란 적혈구 하나의 노력보다도 미미하다.

명상하면서 내면을 바라본다면 개미, 적혈구, 원자, 태양을 흐르는 생명력[67]이 다 자기 자신임을 알게 된다. 최고의 현실에서는 만물이 다 자기 자신이다. 이러한 자신의 본성을 알게 될 때 평화의 파도가 그대를 넘으며 씻어준다. 거대한 평화의 파도가 그대의 영혼에 밀려든다.

명상으로 사랑의 제물을 영혼에 주라

무상(無相)을 구함은 자아의 바람과는 무관하니
자아라는 독수리는 욕망이라는 썩은 고기를 먹고 자라기 때문
지혜가 안으로 열린 동굴을 무척 그리워함은
무상의 금과 형체 없는 빛의 보석이 영의 광선을 받아 빛날 날을
기다리고 있기 때문.

열정의 늑대와 욕망의 사슴을 얼마나 많이 사냥했든
뜻 모를 갈망으로 가득한 숲을 얼마나 오래 헤매고 다녔든
결국 마음은 집으로 돌아가야 하나니
이제 감각의 문을 닫고 눈의 차일을 내리우고 내면에서 쉬라.

그대의 영혼이 날마다 영혼의 사랑을 달라고 외치거늘
왜 듣지 않는가?
모든 문을 닫고, 몸의 수도원과 뇌의 회랑 너머[68]
저 깊고 조용한 방에서
사랑의 제물로 영혼에게 명상의 침묵을 주라.

샥띠와 시바의 결혼

빛의 기둥

오늘 몹시 흔들리는 호흡이여. 마룻바닥을 구르는 지푸라기 같은 눈알이여. 폭풍에 시달리는 풀잎 같은 손가락이여. 내 사랑하는 몸이여, 왜 너는 바람에 구르는 잎사귀처럼 이리저리 불려 다니는가? 아, 마음이여, 내가 잘 아는 마음이여, 너는 나를 놀라게 하는구나. 어째서 모든 힘을 탕진한 채, 모든 사랑을 피하려고 수문을 닫았다가도, 돌연 저수지 바깥으로 넘쳐나는가? 너는 사막의 신기루와도 같구나.

지금이 바로 우리가 회합을 가질 때라고 나는 생각한다. 형제들이여, 오라. 천상의 빛을 중심에 두고 우리 원을 이루자. 신성한 명상의 자리에 좌정하고 자신을 자신에게로 끌어당기자. 몸이여, 호흡이여, 마음이여, 우리 사이좋게 지내자. 척추 끝까지 이르고 하늘 끝까지 이르는 빛의 기둥을 섬기자.[69]

기둥 한 쪽에선 해가 빛나고, 반대쪽에선 달이 빛난다. 해와 달이 기둥 주위를 돌며 밤낮으로 하늘 광채에서부터 빛을 빌려간다. 만물이 잠들었을 때도 기둥은 깨어 있으면서 잠이 없는 광선을 내보내니 해와 달이 그 빛을 떼어가는구나.

형제 호흡아, 진정하라. 내 몸이여, 고요히 가라. 이 움찔하는 손가락은 또 무엇인가? 혀야, 재잘거림을 멈추어라. 이제 내 마음의 메아리들이 가라앉는다. 이제 침묵의 처음인 고요가 들어온다. 이제 순수가 우리와 함께 거처에 머문다.

오늘 잠시라도 이 우주 빛의 기둥을 보게 되길.

샥띠

외로운 영혼아, 너는 매혹적인 여성[70]을 만나 방을 같이 쓰고 있구나. 외로운 영혼아, 그녀의 아름다움을 어찌 형언할 수 있으랴. 세상의 온 산을 먹으로, 온 바다를 벼루로, 낙원 생명나무의 가지를 붓으로, 지구의 온 지층을 화선지로 삼아라. 그래서 소피아(사라스바띠 Sarasvati[71]) 자신이 영원에서 영원까지 쓰게 하라. 그래도 너와 같이 방을 쓰는 그 여성의 아름다움을 다 묘사하진 못하리라.[72] 외로운 영혼아.

그대 안에서 이는 불꽃, 말하자면 의지, 지식, 행동[73], 감정, 경험, 지각, 개념, 사랑, 빛, 진실 등의 온갖 것이 다 그 여성의 발에 묻은 먼지 조각이다. 그녀가 우주여행에서 돌아옴은 그대의 사랑을 위함이다.

주님이 그녀의 발에서 먼지를 털어 허공으로 던지시니, 보라, 무수히 많은 태양과 별이 음표처럼 흩어져 지구의 위성이 되는구나.[74] 너는 그녀의 왼쪽 발가락 발톱 광채의 미묘한 차이를 헤아려 보았느냐?[75] 그녀가 발가락을 흔들자 작은 빛인 네가 그녀의 발로 돌아가 쉬는구나. 그녀의 음악이 부르니 너는 명상하는구나. 외로운 영혼아, 너는 언제 그녀의 얼굴을 볼 것이냐?

오늘 잠깐이라도 그녀의 두 눈에 서린 빛을 보게 되길, 그 충만한 참 나의 아름다운 물결로 영원한 침례를 받길.

지구 프리즘

그는 우주 극장의 무용수[76]로, 은하란 그가 춤출 때 한 발가락의 움직임이다. 우주 오페라의 프리마돈나인 그녀는 행성을 드럼으로, 은하수를 하프로 내놓는다. 내가 하는 짓이라고는 자주 박자를 놓치는 어린애 같은 발의 또닥거림이고 목구멍의 가르랑거림이지만, 나는 그것을 "노래"라고 자랑한다. 그의 화폭에는 적외선으로부터 자외선에 이르는 수백만 칼라, 해저 일만이천 미터 협곡의 조화로운 빛깔들과, 사만 개의 행성을 한꺼번에 태워버릴 때 나오는 보석 같은 광채들이 펼쳐져 있다. 나는 풀은 녹색이고 하늘은 파랗다고 말할 수 있을 뿐인데도, 나 자신을 '화가'로 알고 있다.

나는 태양을 보려고 양초에 불을 붙이고, 바다의 갈증을 풀어주려고 해안에 한줌의 물을 붓고, 곁을 지나는 사향노루에게 인조향수를 뿌려댄다. 그리고 영원의 끝에 대화재가 일어나 온 세상이 불타는데 기껏 부싯돌로 불꽃이나 일으키면서[77] 예배의 제물을 넉넉히 드렸다고 생각한다.[78]

오, 오늘 내가 어머니의 난자, 아버지의 정자이며 영원한 태양 한 빛의 스침임을 알게 하오. 나의 예배하는 마음, 예배하는 예술 모두 합쳐야 무한 공간 어딘가를 외롭게 떠다니며 태양의 한 빛을 겨우 붙잡은 작은 분광기일뿐.

부정(不淨)의 베일

참 나여, 그대 부정(不淨)이
　　그대 순수의 증거이니.
저녁 햇빛,
　　푸른 하늘,
　　군데군데 흰 구름,
　　비단 백광(白光),
　　호숫가 푸른 숲,
　　별 하나 아득히 은점(銀點)으로 떠오르고…
　　구석의 은빛 달
　　바다에 비친 해안이 멀리 뻗어 있다.
바다에 뜬 달이
　　은빛, 분홍빛, 황금빛, 초록빛으로
　　해안의 그림자가 다채롭구나.
이 모든 게 두개골[頭] 안감의
　　베일을 지었구나.
베일이 마음 수정에 비친다.
그 안에서 참 나를 보라.
베일 그림자로 꾸민 그것이

거울 속 얼굴 그림자인가?
그대의 참 나인가?
흙 한 덩이 아무리
문지르고 문질러도
고운 비단으로 두르고 둘러도
다채로운 빛으로 비추고 비추어도
아무 것도 비추지 못하니.
맑은 수정은
붉은 빛을 받으면 붉어지나
그것은 감성이 등록한
거짓신분.
수정이 순수해질수록
투영된 그림자도 순수해진다.
참 나여, 그대 부정(不淨)은
그대 순수의 증거.

생명수(生命水)

저마다 다른 크기와 모양의 고드름,
은둔하는 명장(明匠)이 공들여 가공한 사파이어 눈송이.
그 하나하나가 아름다운 인격으로 지상을 장식하지만
태양빛이 내리비치고, 마침내
그 자체의 본성을 명상하여
참 나가 수정처럼 순수한 생명수임을 알게 될 때
어두운 겨울은 끝난다.

귀고리, 팔찌, 갓 주조된 동전이 본디의 자리를 명상하여
자신이 깊고 깊은 광산의 금이요
태양 심장의 한 작은 불꽃으로 반짝거림을 알게 되고,
시냇물이 명상하면서
강으로 흐르고
강은 명상이 무르익어가면서
바다로 힘차게 흘러간다.
어머니의 자궁에서는
별빛이 육신이 되어 그대의 두 눈으로 태어나니,
내 형제인 고드름아,

내 순수한 누이인 눈송이야,
같은 광산 출신인 허물없는 친구들아
내 옆에 나란히 누워 굽이치는 숙녀인 강아[79]
오늘밤 너희의 귀에 우주의 비밀을 속삭이게 해다오.
"너희와 난 명상의 황금 자궁에서 한 생명을 나눈 태아로
한 어머니의 젖을 먹고 자란다"고.

오늘 우리가 함께 녹는 고드름이요, 순수한 사파이어와 순수한 금과
평화의 핵심에 자리한 한 점 빛이길.

침묵의 바다

나는 조용히 서서
    주위에
    침묵의 웅덩이를 파고
    평화의 물로 채운다.
    이제 나는 섬이다.

작은 생각 하나
    말 한 마디
    자갈 하나를 집어 던진다.
    바다의 영이
    기지개를 켠다.

물결이 다가온다,
    점점 더 큰 원으로 너울거리며,
    내 뿌리에
    상상, 꿈, 창조의 파도를 일으키고
    해안에 입 맞추니
    풀과 나무들이

쑥쑥 자라누나!

물결이 잦아든다.
    이제 나는
    침묵의 바다에 솟아 있는
    한 점 섬이다.

강과 바다

모든 강이 실제로는 다 같은 물이지만 저마다 독특한 이름을 갖고 두 강둑을 끼고 이리저리 흘러간다.[80] 강이 흐르면서 진정으로 바라는 바는 자신을 비우고 바다가 되어 자체의 신원을 잃어버리는 것. 명상으로 이렇게 신의 바다에 스스로를 비워야지, 바다 같이 무명무한(無名無限)한 영이 자신임을 알게 된다. 명상하면서 거짓 인격의 추측과 가정을 모조리 벗어 던져야 순수한 금(金)이 자신임을 알게 된다.

하나 뿐인 우주 에너지의 장이 열, 빛, 자기(磁氣)가 되었다. 하나가 곧 모든 원자, 별, 태양, 질량이다. 명상으로 마음을 비우고 신성하게 흘러가는 힘으로 채워야, 광대한 우주 의식(意識)의 장에서 저 생명의 파도가, 저 집중이 자신임을 알게 된다. 강 표면의 거품방울이 되지 말고, 마음에 차오르는 우주 생명과 의식의 넓은 바다가 되라.

오늘 수많은 강을 받아들이는 하나의 바다이길.

불길 같은 물의 진수(眞髓)를 마셔라.

마음의 진수인 불길을 들이마셔라. 그러면 금강의 번갯불이 영의 하늘에 줄을 그으며 마음의 어두운 폭풍에 빛을 비추리라. 불타는 물의 진수를 마셔라.[81] 두 막대기를 비벼 불꽃이 튀게 하고,[82] 돌을 돌로 쳐서 풀밭에서 화염이 일게 하라. 화염이 이는 웅덩이에서 깨달음의 불로 마음을 녹임이, 곧 뇌에 호흡을 비비는 것임을 알아야 한다.

어디에서 땔감을 해올까? 오감이 이끄는 대로 왔다 갔다 하는 생각, 거짓 인식의 헛된 노력이 아니라면 어디에서 찾을까? 우리의 행동과 경험은 수없이 많은 과거의 환생을 반영한다. 자신의 행동과 경험이 올바른 지식과 자유의 불로 타오를 만큼 그대는 충분히 많은 장작개비를 모아 불을 지폈는가?[83]

불륜의 밀봉된 편지와 같은 무의식의 덮개에서부터 자신의 행동과 경험을 해방시켜라. 자신의 행동과 경험으로 영원한 자유의 모닥불을 피워 마음의 진수인 불을 들이마셔라.

불타는 물의 진수를 마시고, 마음의 진수인 불을 들이쉬고, 깨달음의 호수에서 멱을 감고, 스스로 찬란한 횃불로서 모든 이를 섬겨라.

그대는 불꽃

불꽃이 주변에 있는 물체를 바라보되, 그 빛을 사모하지 않고
주변 물체가 빛나듯 빛을 내기 바라지 않음은
그 자체의 불로 빛을 주기 때문.
우리는 그러한 불꽃과 같아
우리의 의식은 의식되는 대상에서 창조되지 않고
명상하면서 우리 자신이 순수한 의식임을 깨닫는 것이니,
찰나의 순간이라도 참 나의 빛을 깨달은 이는 이미 지고의 복을 받은 것.

어둠 속에서 물건을 찾기 위해 촛불을 붙이지
한낮에 태양을 찾기 위해 촛불을 붙이지는 않나니
명상하는 영혼은 중천에 뜬 태양
그 신성한 내면의 신을 보는 데는 어떤 초도 필요치 않다.
개똥벌레가 아닌 나방이 등불로 모여든다.
그런데도 왜 그대는 다른 이들의 어둠을 구걸하러 다니는가?

사는 동안 단 일 분만이라도 명상으로 알게 되길,
자신이 참 나에서 빛나는 빛임을
주위의 모든 어둠을 몰아내는 빛임을.

불의 하나임

그대는 끊임없이 "친구들아, 무얼 해야 좋지? 도사님, 언제 그걸 해야 부정을 타지 않나요?"라고 묻지만, 그대의 명상은 그대에게 "신이시여, 제가 무얼 해야 합니까? 언제 그걸 해야 합니까?"라고 물으라고 가르친다. 그대는 존재 자체인 순수한 세력장이다. 그대의 존재가 본래는 백광과 같은 흰빛이나, 녹색 유리를 통해 보면 녹색으로 보인다. 시간, 공간, 방식, 분위기, 노력 모두 이 존재라는 순수한 세력장이 강도를 달리한 것일 뿐이다.

그러니 순수한 존재의 장이 되라. 모든 파도로 하여금 일어서게 하고 모든 조수로 하여금 밀려오게 하라. 그러나 그 전에 먼저 바다로 남아 있으라. 불꽃, 화염, 불씨, 열, 빛이 되라. 그러나 그 전에 먼저 불로 남아 있으라.

생각의 플루트를 멋지게 불어다오. 오늘 그대의 본성이 영원한 존재임을, 그 존재에서 무상(無常)한 변화가 창조되었다가 다시 그 존재로 용해됨을 알게 되길. 온갖 불꽃 속에서 불이 하나임을 명상하길, 그대의 참 나와 하나됨을 이루길.

마음의 동굴

옛날 예언자들의 입과 마음에 들어온 말이 그대에게도 들어올 수 있다. 크리슈나가 아르쥬나에게 보여준 우주의 광경이[84] 그대의 눈앞에서도 펼쳐질 수 있다. 마누, 모세, 부처의 법륜(法輪)이 그대 인생 전차(戰車)의 바퀴이기도 하다.

고대인만이 거룩한 땅을 밟았다고 주장함은 오늘날에도 변함없이 만물에 깃들여 있는 영원한 영의 신성을 부인하는 것과 같다. 자신의 마음과 영혼의 거룩한 영토로 순례를 떠날 때 자신이 선 땅이 거룩하고 순결해진다. 자신이 지금 명상하는 자리야말로 수천 년 전 그리스도가 복음을 선포한 바로 그 산이다.

옛날에 영원한 영이 현자들을 통해 이 세상에 보여준 그대로, 모든 위대함이 그대 자신의 위대함이다. 그들이 알게 된 모든 진리가 그대에게도 그대로 드러날 것이다. 그대의 이마가 명상의 신이 진리를 새긴 바로 그 산이고, 그대가 경건하고 평화롭게 앉아 고요히 명상할 때 마음의 동굴[85]에서 영감의 시내가 흘러나온다.

의식의 허공

모든 움직임 속에서도 움직이지 아니하는 허공
모든 갈라진 것들 속에서도 갈라지지 아니하는 허공
모든 변하는 형체 중에 변하지 아니하는 허공
동(動)도 아니고 부동(不動)도 아니고
    동이면서 부동인 것도 아니고
    동 아니면서 부동 아닌 것도 아닌 허공
그 안에서 만물이 오고가지만
    그것은 어디로부터도 오지 않고 어디로도 가지 않는다.
그보다 더 순수하고 미묘하고 한결같음이
의식의 허공 치드아까샤^{chid-akasha 의식의 공간}에 있는
그대의 아뜨만^{영적인 자아} 생명의 참 나다.
그대가 그릇을 만들었기에 그릇 속 공간이 생겨났다고 주장할 수 없듯
    그대의 육체가 태어났기에 그대 생명의 참 나가 태어난 게 아니다.
    육체의 집은 파괴되더라도
    그대 본래대로 남아 있으나
    천국으로도 지옥으로도 가지 않고
    그렇다고 그대로 머물지도 않는다.
    수레는 움직이되 의식의 허공은

움직이지도 머물지도 않는다.
어린 시절, 청년기, 성년기의 모습이 제각기 다르고,
저마다 다른 이름을 붙일 수 있으되
순수한 허공과 같은 온 존재의 근거는
모습도 없고 이름도 없다.
그대 머리의 허공 속 은하 같이 무수히 생겨나는 마음의 파도들이
의식의 허공인 순수한 장(場)으로 가라앉을 때
그대의 광활함이 우주를 초월하고
그대 의식의 눈(眼)에 든 허공에서
우주 자체가 한 점 먼지에 불과하다.

은하만한 넓이

Ⅰ
내 주먹에 은하만한 넓이를 움켜쥐고
무한히 깊은 진주 바다로 뛰어들고픈 갈망,

팔을 쭉 뻗어
    태양광선 넝쿨을 타고 올라가
    별 같은 잎이 달린
    저 하늘 끝까지 이르고 싶고,
우주 경계의 벽을 부수려 이렇게 끊임없이 긴장하는 나

이런 모든 게
    영원히 찾지 못할 걸 찾는 것이요,
    영원히 걷지 못할 영토를 방랑하는 것이요,
    영원히 이름 없을 걸 부르는 것이요
    영원히 형상 없을 걸 장식하는 것,

침묵의 바다로 이렇게
    휘둘러 내동이친 차돌들과

무지의 만족과…

Ⅱ
이것이 감아올린 아우성치는 깃발
내 향상된 기준의 징표
이 생명 깃발은 내려지지 않고
이 힘의 기준은 번뜩이지 않나니,
타오르는 나의 불만이
내 생명의 증거

내 대동맥의 박동을 꿰뚫는 포효
우레 치며 넘치는 기(氣)의 바다
꾼달리니가 풀려나 추는 춤,[86]
    공격 준비 완료!

Ⅲ
주여, 모든 게 당신께 달렸나니
    내가 잠의 홍수를 마시지 않고

사자(死者) 세계의
그늘 속을
배회하지 않음은,

내 생각 너머를 꿈꾸지 않고
오늘과 오전 너머로 걷지 않고
일몰이 지금 지평선보다 깊이 들어가지 않고,
　　사랑스런 아기가
　　영원한 내세의 젖을 빨려
　　울음을 울기 전
　　샛별이 지고
　　달이 기우는
　　해 없는 사자의 세계
　　그 사자 세계의 그늘 속을 배회하지 않음은.

참 나의 영광송

참 나의 아름다움, 참 나의 장엄함을 보라.[87] 그것은 육신의 흙집에서 빛나는 보물이다. 그것은 한 덩이 검은 철에 들어있는 자력이요, 분자 하나에 들어있는 폭발 에너지이다. 이 참 나의 빛을 알아차려라.

"나는 살아 있다"고 말하지 말고, "나는 생명의 힘이다"라고 말하라. "내가 의식하고 있다"고 말하지 말고 "내가 의식이다"라고 말하라. 생명은 상태가 아니요, 의식은 과정이 아니다. 생명과 의식은 하나의 에너지이고 그것이 그대 참 나다. 그 참 나가 진동하기에 자력을 띠고, 그 참 나가 빛나기에 빛을 발한다.

그러니 참 나의 영광송을 부르라. "나는 참 나다. 내가 한낱 유리구슬에 불과했을 안구를 사랑하고, 바라보고, 반짝이고, 울고, 웃는 눈으로 변화시켰다. 가죽에 불과했을 혀를 말하는 혀로 만들었다. 마른 나무와 같았을 뼈가 내가 있기에 살아 움직이는 뼈가 되었다. 벌어진 구멍 두 개가 내 영을 숨 쉬는 콧구멍이 되었다. 내가 나가면 이 흙집이 무너진다. 하지만 전 우주의 보석인 나는 다른 곳에서 또 다른 궁전을 아름답게 꾸민다."

그대의 마음에도 말하라. "형제인 마음아, 우리 꽤 오랫동안 함께 여행했

구나. 네가 마음임을 나는 안다. 너는 내가 누군지 궁금하지 않니? 나는 스스로 빛나는 참 나란다."

오늘, 세상 모든 빛이 그대에게 이르길.

참 나를 알기

그대의 참 나가 그대의 머리와 같은 모든 지능의 원천[88]
그대의 이마와 같은 그대 운명이 적힌 명패
나 아닌 게 참 나를 동여맬 때 참 나가 그대의 이마를 달래준다.
그것이 눈과 같은 신성한 빛의 통로
그것이 콧구멍과 같은 모든 호흡 중의 호흡.
지능의 기원을 참 나에 돌릴 때
    참 나가 그대의 운명을 짓고
    이마를 달래주고, 들숨과 날숨을 두 기둥으로 삼은
    신성한 빛의 통로가 된다.
그러니 참 나를 알아라. 그대의 참 나를 알아라.

그대의 참 나가 바로 말이 나왔다 돌아가는 침묵의 자리
온갖 맛의 즐거움도 영원한 참 나에 속하는 최고의 기쁨에서 비롯되나니,
그대의 어깨가 짐을 짐은 우주를 떠받치는 거인
아틀라스 백만 명을 모은 힘이
    참 나인 샥띠의 힘에서 그대의 어깨로 흘러가기 때문.
그대는 조금도 약하지 않고,
저 거인 아틀라스 백만 명을 모은 힘만큼 늘 강하다.

그러니 참 나를 알아라. 그대의 참 나를 알아라.

오늘 참 나를 아는 평화가 그대에게로
　　그대의 팔다리로, 전 생애로 흘러가길,
　　참 나를 알길, 그대의 참 나를 알길.

사마디

그녀는 존재도 아니고, 존재 아닌 것도 아닌 공(空)이었고.[89]
그녀는 움직이지 않았고, 그렇다고 움직이지 않는 것도 아니었다.
영원을 덮은 그 안개가 말도 없이, 들음도 없이 깊이 놓여 있었다.
그녀 자체에 대한 탐구, 무(無)에 대한 대답.

그녀는 그 안에서 만물이 재로 화(化)해 눕는 끔찍한 죽음의 얼굴,
재생(再生)의 새벽을 기다리는 낮의 아이가
그녀의 자궁 안에 붙잡힌 어느 밤.

그녀는 신의 심장에 사는 망라(網羅)하는 불사(不死)의 호흡.

죽음에게 생명을, 생명에게 죽음을.
어둠에게 빛을, 빛에게 어둠을.
너울너울 춤추는 동작 가운데 한 자세가 그녀.
폭풍 전의 고요함.

그녀는 천 개의 꽃잎으로 피어날 꽃봉오리였고,
그녀의 자궁에서 황금 알, 우주의 빛, 광대한 땅,

넓은 하늘 그리고 천둥의 진노가 쉬고 있었다.

그녀의 바다에 여호와, 야훼 같은 여러 이름의 꿈꾸는 영이 떠있었다.
그녀가 형체 없음으로써 온 형체를 품고 있었다.
그녀는 잠들어 있는 깨어 있음이자 깨어 있게 하는 잠이었다.

누구인가?
드러나지 않는 비밀이, 예언되지 않는 환상이,
    대답되지 않는 의문이,
    찾아지지 않는 대답이.

존재가 아닌 실로 짠 존재,
    만물을 재는 영[zero],
    어떤 질서의 혼돈, 혼돈의 질서, 깊은 경이,
    그녀 자체의 탐색.

도(道), 말씀, 브라만이 그녀였다.
없음, 없는 곳, 영원, 절대, 아님이 그녀였다.

그녀는 해체, 창조, 고리를 위한 사슬

    사슬을 위한 고리, 잠자는 뱀,

    실로 엮은 구슬,

    구슬을 묶어주는 실,

    자신의 찬가를 부르는 염주였다.

그녀는 침묵이어서 시바가 그 침묵의 곡조에 맞춰 춤췄고,[90]
그녀는 목소리여서 시바가 그 음정에 맞춰 북을 쳤다.
주님의 우주 배우자인 그녀가 시바의 꿈을 애무했다!

시바가 깨어났다.
자비롭고 참혹하고

    만물을 재로 만들고, 창조하는 시바.

삼지창으로 무장한 시바가 깨어났다.

브라만

브라만

시간 전 언젠가
한 점이 있었다.
수십억 은하계의 시간을
그 모든 은하계의 빛을 다시 십 억 배쯤 늘려보라.
그 빛의 미덕을 품은
그 점은 분명 살아 있었다.

그 점이 온갖 미덕, 생명, 빛을 보기로 결심하여
점점 커지며 소용돌이를 일으켰고
위쪽 차원으로 이르려 하다
하나의 선, 숫자 1이 되었다.

하나는 그 자체를 알았다
오직 하나로, 홀로.
나는 오직 하나이나
여럿일지 모른다.
그 생각이 비쳐져
하나의 거울, 마음을 만들었고

하나가 그 거울에서 제 2의 것이
투영됨을 보고는
"이제 우리는 둘이다"라고 알아챘다.

그것이 거울에 이르러
둘로 늘어났다.
그들은 둘이어서 떨어졌다,
하나가 다른 하나 위로.

"너보다 내가 위야"라고 하나가 말했다.
"네 근본은 나야"라고 다른 하나가 말했다.
"내가 먼저야"라고 그 하나가 대꾸했다.
"아냐, 거울을 보고 있다가 저편에서
네가 나오는 걸 똑똑히 보았어"라고
그 다른 하나가 말했다.
그러자 하나가
"네가 내 눈에 보이기에 없음의 감옥에서 끌어내
네가 존재하니까 분명 내가 먼저야"라고 응수했다.

"아냐, 첫째인 내가 내 그림자에서 나왔으니까
네가 나올 때는 분명 너 혼자만 있었던 게 아냐"라고 말하며
다른 하나가 자신이 먼저라고 완강하게 말했다.
그러면 하나의 주장이 틀렸고,
하나가 오히려 둘째일지도 모를 일이었다.
이 심각한 갈등을 풀
해결책을 찾아야 했다.
그 해결책으로 둘이 합쳐 셋째가 태어났다.

그러나 셋을 다 덮어버린 0[zero],
셋을 하나로 되돌리고
다시 한 점으로 되돌리려는 0을
셋이 세 번 만날 때까지는
어쩔 도리가 없었다.

갈등하는 하나들 사이에서
일치하려는 갈망이 가능한 수까지 계속되어
욕심쟁이들은 바라는 물건을 움켜쥐고,

국가는 국가를 삼키기 원하고,
조건 달린 전제가 결론이 되고,
행성끼리 부딪치고,
연인들은 하나 되기 욕망하고,
그래서 다시 자손들이 나타난다.

다들
친선과 반목을 거치며
베일 쓴 싱글로 복귀하는 방법을
생각해보지만
만물 속에서 그 한 점만이
층층의 온갖 여럿을
곰곰이 생각하고, 반사하고, 지켜보고
그래서 여럿이 되기도 하고,
안되기도 한다는 걸
모른다.
은하, 의지(意志), 마음,
꽃잎, 파벌, 마찰.

이 모든 게
구심과 원심으로
필 때나 질 때나 쉼 없는
온갖 체계의 방식을
다시 바꾸는 엔트로피들.

'일치하려는 갈망' 이라 하지만 실은
점이 하나임에 대한 인식, 예컨대
물방울 속 많은 무지개에 대한 인식.
'갈망' 이라는 말에서
살아있는 점이 여럿으로 펼쳐지고
'하려는' 이라는 말에서
날개인 2가 접히기 시작한다.
'일치' 라는 말에서
1이 점으로 들어가고
모든 감탄사가 중지되고
계시가 침묵한다.
시간 뒤에는 곧바로 침묵이

그 살아 있는 점이다.

전제에서 끌어낸 결론이 아니고
옳고 그르고 결정하는 것이 아니고
그 다음이 아니고 거기가 아니고 그것도 아니고
단순하고 그리고 모두 충분한 것.

시간 전에 언젠가
시간 뒤에 곧바로
나다. 나다.
내가 존재하는 나다.
나는 침묵하는 점이다.

시간 전에 언젠가
한 점이 있었다…
되풀이되는 이야기,
원, 순환, 메아리,
다시 침묵하는 점으로.

2부
여러 골짜기와 산들

성모시여, 저는 당신을 저버렸습니다!

성모시여, 저는 당신을 저버렸습니다.[91]
이제 제 발이 이 집 문턱을 넘는 일은 결코 없을 겁니다.
흙투성이 맨발로 저를 찾아오시어
어릴 적 당신이 불러주시던 이름들을 부르며,
당신의 사랑을 호소하시더라도
저는 돌아가지 않을 겁니다.
제가 당신을 저버린 건 어쩔 수 없는 일입니다, 어머니.

오랜 세월 저는 착한 아들로
어머니를 위해서라면 어떤 궂은 심부름도 마다하지 않았습니다.
허기지고, 발이 부르트더라도
땡볕과 비
폭풍과 홍수를 뚫고
험난한 광야를 수도 없이 지나쳐 왔습니다.
그렇지만 제가 이웃 개구쟁이들에게 쫓겨 도망갈 때
당신이 저에게 도움의 손길을 주신 적이 있습니까?
당신은 그저 문가에 서서 웃고 계셨습니다.
저는 몸이 찢겨나가기 직전인데 말입니다.

저는 이제 당신의 아들이 아닙니다.
당신을 저버렸기 때문입니다, 어머니.

저는 이제 길고 험난한 여행길을 떠나려 합니다.
저는 아직 작고 어리지만
당신의 집에서 어떤 양식도 취하지 않을 겁니다.
마을 농부들한테서 끼니를 구걸하고
직공이 되어 허드렛일이라도 하겠습니다.
굶주리고 넝마가 되더라도 걷고 또 걸어
이 나라를 벗어나
아주 멀고 먼 외지에서
큰돈을 모을 겁니다.
단돈 한 푼 보내지 않을 거고
편지 한 장 하지 않을 겁니다.
그건 제가 당신을 저버렸기 때문입니다, 어머니!
어쩌면 그 먼 나라에서
향수에 젖은 눈에 눈물이 맺힌 채
여러 날 밤을

홀로 누워있기도 하겠지요.
아무도 제 슬픔을 아는 이 없기에
당신 품으로 돌아가 안기기 원하겠지요.
그렇더라도 그 딱딱한 마루에
홀로 누워 있을 겁니다.
짐을 꾸려 되돌아가는 일은 결코 없을 겁니다.
제가 당한 고초를 당신도 똑같이 당하기 전까지는
마을 농부들한테서 끼니를 구걸하고
직공이 되어 온갖 허드렛일을 하기 전까지는
지금 내 모습이 그렇듯
당신이 흙투성이 맨발로 거기 도착해서
나를 다시 데려가기 전까지는—
설사 그 날이 와서
당신 모습이 제 눈에 보이더라도
서둘러 일어나 당신 품으로 달려가지는 않을 겁니다!
등을 돌리고 외면한 채
당신이 어릴 적 불러주시던 이름들을 들을 것이고,
당신이 사랑을 호소하는 소리를 들을 것이고

당신이 보살펴주겠다고 약속하는 소리를 들을 겁니다.
그러면 당신이 좀더 가까이 다가와 두 손으로 제 얼굴을 들어올리시고
감추려 애쓰는 눈물을 닦아 줄지도 모르니까요.
그러나 지금은 아닙니다.
그때까지는
제가 먼저 화해하지는 않을 겁니다.
저는 당신을 저버렸습니다, 성모시여!

어두운 계곡들

그들의 방식을 얼마쯤 알아내 그들을 내 땅의 경계로 이끌기 위해 나는 이곳을 찾았다. "계곡 몇 개만 건너고 나면 곧바로 다시 내 옥좌로 돌아가겠다."고 나는 다짐했다. 그러나 오, 이 땅에 들어올 때 나는, 방심한 여행자를 함정에 빠뜨리려고 땅이 갈라진 곳마다 그들이 부드러운 비단 그물을 쳐놓고 기다고 있음을 너무 늦기 전에 눈치챘어야만 했다.

내 땅에서 나는 주(主)였으나, 이 땅에서 나는 잠의 노예다. 때론 내 땅의 황홀한 음악이 계곡을 가로지르고, 친숙한 꽃향기가 바람에 실려 온다. 옥좌에 앉아 호령하던 과거의 기억이 밤을 괴롭힐 때 내 눈은 눈물로 가득 찬다. 지난 날은 모두 잊은 척 눈물을 삼키고 입가에 살짝 웃음까지 짓는다. 오, 나 스스로 팔다리를 이 땅의 먼지로 더럽힐 때마다 나를 생포한 자들은 행복하구나.

내 동정의 눈물이 많은 이들의 갈증을 달래주고, 내 옷이 전쟁터에서 부상당한 병사들에게 위안을 주고, 내 사랑이 선박을 정박시키고 고단한 선원들을 맘 편히 쉬게 하는 섬일 때에도 사실 내 생각은 과거의 기억으로 가득 차 있다.

오, 나는 단 한 번만이라도 내 궁전의 첨탑을 보고 싶고, 단 한 번만이라도 이슬에 흠뻑 젖은 채 내 정원을 걷고 싶고, 단 한 번만이라도 내 사원의 지붕에 앉은 새의 노래를 듣고 싶다.

저들은 나를 기쁘게 해주고 싶어 내게 깨진 구슬과 조개껍질을 준다. 저들이 가진 게 그것뿐이기 때문이다. 저들은 수많은 루비가 내 궁전 계단에 깔려 있음을 알지 못한다. 저들은 저들의 회의실에 내 자리를 마련해 주었다. 내 옥좌와 내 조정(朝廷)에 대해 알지 못하기 때문이다. 내가 손에 쥐고 있는 해안의 모래를 보여주니, 일곱 바다의 많은 진주를 갖고 있다고 말한다! 이 땅의 처녀들은 더럽혀지지 않은 자신들의 매혹적인 빛의 양초를 내게 주지만, 내 내면 동굴의 저수지를 떠다니고 있는 기쁨에 대해서는 알지 못한다. 저들은 가장 큰 잔을 내게 주면서 평생 동안 그 잔으로 먹게 해주겠다고 말하지만, 내게는 그것이 너무 작아 저녁 한 끼도 때우기 어려울 지경이다.

저들은 거의 땅을 갖지 못한 채 허름한 헛간에서 산다. 저들에게 가장 행복한 꿈은 죽음의 실로 짜여 있고, 저들이 희망하는 미래는 내가 오래 전에 잊은 과거다. 저들의 휴식이 내게는 피곤이고, 저들의 만남이 내게는 이별이다. 내 왕국에 곧게 뻗은 길을 따라 주렁주렁 매달린 잘 익은 과일을 한 번도 먹어본 적이 없는 저들은 굽은 길의 먼지로 허기를 채운다.

노고가 저들의 휴식이고, 소음이 저들의 침묵이고, 싸움이 저들의 평화다. 저들은 여러 사람을 증오해야만 한 사람을 사랑할 수 있다.

오, 나는 낮에도 울고, 밤에도 운다. 내 웃음은 한숨으로 엮어진다. 내 행복의 의복이 내 슬픔의 보물을 덮고, 많은 이들이 나를 친구라 말하지만 내 말을 알아듣는 이는 아무도 없다.

이 번 한 번만 마음 설레게 하는 그 처녀들의 매혹에서 달아나게 하오. 이 잔을 내게서 가져가오. 그물을 자르고 웃음의 파도를 타고 이 어두운 계곡을 넘게 하오. 이 겨울이 끝나게 하오. 이 잔이 깨지게 하오. 그러면 다시는 그것으로 먹지 않으리라. 이 족쇄에서 풀려나게 하오. 그러면 다시는 돌아서지 않으리라.

당신과 연락이 끊어지고

내 자유의 나날은 오래 전에 끝났다.
혹독한 해와
갈증을 달래지 못하는 바다가
이 세상이다.
도대체 나는 얼마나 더 가야 하는가?

슬그머니 웃음 짓는 그대 모습이 보인다.
다른 이들은 모두 대지에서 움터 나오는데
내게는 "인내하라"는 말밖에는 하지 않는구나.
또 다른 광채들이 나를 떼어놓는다.
장난감을 보고 미친 듯이 달려가는 아이처럼
나는 그 광채들을 좇는다.
다시 연락이 끊어진다.

나는 죽음을 알지 못했다

자기의 생각을 화환처럼 내게 씌워주려
죽음이 왔다가 생의 음악에 도취되어
헤어나지 못했다.
나는 그녀의 발소리를 듣지 못했다.

내 어두운 세계를 밝혀
내 허공을 채우고, 귀중한 보석들을
가는 길에 흩뿌려주러
불명예가 왔건만
내 마음은 그 은혜를 보지 못하고 지나쳤다.

여행 중에 양식이 떨어져
영혼을 거두어들였기에
계곡의 아름다움을 보지 못하고
길 앞쪽 화단 밑에 감춰진 가시에 발만 찔렸다면
타성(惰性)으로 저절로
목적지에 이르려 하지는 않았으련만.

파괴의 주님이 신의 독약 한 방울을 주셨으나[92]
불운한 영혼인 나는 그 독약을
그가 먹다 남긴 찌꺼기로 여겨 거절했다.
나 또한 그의
우주 북소리에 맞춰 춤을 추는
뱀의 무리에 낄 수 있었을 터인데.
아, 슬프다. 보초를 서다 죽음이 올 때
그만 돌아서고 말았으니.

순간의 연약함에 모든 비애의 눈물을
심장에서 쏟아냈다. 반짝이는 웃음의 이슬이
슬픔의 옥좌를 찬탈했다.

이 노래를 부른 뒤
어머니인 잠의 무릎에서 쉬겠다. 명예에 미친 어떤 웃음이라도
내 신성한 불만을 꾸짖진 못하게 하겠다.
잠에 취한 채
목적지에서 내려오는 한이 있더라도

계곡의 어떤 광경에 이 가시의 촉감을 빼앗기진 않겠다.
루드라가 남긴 음료를 들이키고[93]
저 뱀이 되겠다.
어떤 신의 사자가 오더라도
불운의 바다로 끝없이 던져지는 고통에서
구해내진 못하는.

울어라, 내 잃어버린 나여

비애가 만물의 어머니가 아닐까? 인생의 요람이 어머니 자궁 속 고통에서 생겨나진 않았을까? 죽음이 보드라운 아기 탄생의 전주곡은 아닐까? 탄생이 죽음의 책 서문은 아닐까? 만물이 소멸의 홍수에 빠져 죽을 때 휴식이 찾아오는 건 아닐까? 오, 빙하, 흰 옷 입은 현자여, 오, 자랑 같은 순수여, 왜 그대가 눈물로 녹아 사라지지 못하게 내가 막아야 한단 말인가?

울어라, 내 잃어버린 나여, 계속 울어라!

하늘 두 눈에서 끝없이 눈물이 흐르고, 하늘의 외침이 부드럽게 비로 내린다. 바다 심장이 고통스럽게 부풀어 오르고, 바다가 격렬히 흐느껴 운다. 밤이 맑은 얼굴을 달빛 면사포로 가리고, 말없는 눈물로 이슬방울을 뿌린다.

오, 땅과 하늘을 잇는 산이여, 오, 힘의 빈 껍질이여, 네가 골짜기 무릎에서 울지 못하게 누가 막을 수 있겠는가, 네가 눈물 시내를 내보내는 걸 누가 막을 수 있겠는가?

울어라, 내 어린 나여, 울어라.

숫됨의 노래

신이시여, 당신이 주신 걸 잃었습니다.
제 숫됨을 잃었습니다.
다시 받을 순 없는지요?

저들이 "바보새끼!"라고 저주할 때
두려움에 떨고
어떻게 알았을까 의아해 하면서
진짜 당신의 바보라는 걸
또 다시 감추려합니다.
　오, 신이시여, 다시 당신의 바보로 만드소서.

저들이 "지저분한 놈!"이라 욕하고 내쫓을 때
구멍마다 분비물이 흘러나오는 더러운
육신의 집에 살고 있음을 기억하게 됩니다.
다시 자유롭게 밖을 걸으려합니다.
　신이시여, 전처럼 순수하게 만드소서.

저들이 정열적인 가슴을 드러낼 때

내 어머니를 기억합니다.

모든 여성의 아기인

나는 "엄마"하고 가슴에 달려들어 젖을 빱니다.

　　성모시여, 당신의 아기로 만드소서.

신이시여, 당신이 주신 걸 잃었습니다.

부디 다시 찾게 이끄소서.

내게 잠시 얼굴을 보여주오, 아름다움이여.

막 결혼한 신랑 태양이 아침 황금 마차에 오르고, 계곡에서는 개울이 어머니를 잃은 아이처럼 울고 있다. 달은 환한 자신이 부끄러워 구름 면사포로 얼굴을 가린다. 쓸쓸한 밀림에서 꽃 한 송이가 피어나고, 이슬방울이 갈대의 곡조에 맞춰 춤춘다. 호숫가 덩굴식물이 넓은 잎을 활짝 열어젖히고 고니의 춤을 본다.

이렇게 보고 있으면 사람들은 내가 당신을 보고 있다 말하지만, 나는 벌거벗은 원래 그대로의 당신 얼굴이 보고 싶다, 아름다움아. 그대의 비밀을 내게 알려주오, 잠깐이라도 그 얼굴을 보여주오.

어딘지 모를 곳에서 목소리가 들려온다. "아들아, 나는 생명에 있다. 나를 흉내 내고 있는 교묘하게 짜인 원자들의 회전하는 움직임만 보아서는 안 된다." 이것이 하늘에서 들려오는 당신의 목소리입니까?

나는 생명을 보기 위해 돌아선다. 아이의 거친 울음이 어머니의 귀에는 아름다운 교향악으로 들리듯, 많은 이들이 사랑하는 이의 육신, 피와 뼈를 당신의 진정한 현존인 양 떠받든다. 열정으로 가득한 바다가 실망의 바닷가 바위 위를 때린다. 이런 남자의 몸, 여자의 몸이 우리의 인생 개울을 꽝꽝 얼게 만들지만, 많은 이들은 저기 끊임없이 죽어가는 상(相)에서 당신을 찾는다.

당신은 이 얼어붙은 상에 있는가? 벌거벗은 그대로인 아름다움을 보고 싶다. 당신의 비밀을 내게 알려주오, 잠깐이나마 그 얼굴을 보여주오.

다시 그 목소리가 들린다. "손잡이를 쥐지 말고 면도날을 쥐어라. 기쁨과 행복의 모든 피가 뚝뚝 떨어지게 하자! 모든 의식을 희미하게 하고, 모든 눈을 감자! 아들아, 그러면 네가 나를 볼 것이다." 이것이 진정 당신의 목소리입니까?

나는 어떤 신들의 감로(甘露)도 원치 않기에 고통의 독약을 들이마신다. 두 눈을 감았으되, 무수한 태양에서 빛나는 빛을 느낀다. 내 옷을 찢고, 내 피부를 벗긴다. 아, 거기! 그대의 얼굴이 있다. 나는 울음을 운다. 그러나 왜 그렇게 많은 혼란과 타는 열이 거기 있어야 하는가?

내가 손잡이를 잡았을 때, 죽은 자연의 원자에 미혹돼서 나를 잊었을 때, 생명 샘을 가둔 외벽만을 사랑했을 때 그건 당신의 그림자였었나? 아니면 단지 내 그림자였었나?

아니다, 나는 당신이 아니다, 아름다운 이여. 나는 당신이 아니다. 나는 소리치고, 지평선에서 "나는 당신이 아니다!"라고 메아리가 울려온다. 나는 울면서, 여러 계곡과 산을 방랑하고, 여기저기 현란한 빛에 눈멀고, 목이 쉬었지만 소리 지른다. 비밀을 알려주오, 아름다움이여, 잠깐이나마 그 얼굴을 보여주오.

히말라야가 부른다!

내면 깊은 곳에서 히말라야가 부른다.
멀리 히말라야가 부른다.
나는 나래를 치며 날아오른다, 날아오른다.
마음 히말라야에서 흰 수염 봉우리들이 나타나
고향 하늘을 연모한다.
영원한 바다를 그리워하는 빙하가
시바께 소리친다.[94)]
"우리는 당신의 것, 당신께 맡깁니다."
멀리 히말라야가 부른다!

서글픈 속삭임처럼 들리는 그 부름소리는
꿈속 과거의 기억처럼
깊은 한 순간의 피리소리를 따라
획 지나간다.
위로 지나는 그 속삭임이
모든 재항아리 영혼의 불씨에서
수 천 년을 솟아나와 하늘로 서 있는
소나무, 양치식물, 삼목(杉木) 줄기 속에서

어떤 떨림, 어떤 침울한 기분을
조기(弔旗)처럼 감아올린다.
멀리 히말라야가 부른다!

부름소리는 커지고, 먼데가 가깝다.
천국, 하늘, 땅, 가라앉았던 만물이 일어선다.
바람은 위로, 앞으로
동굴로 향하는 순례자들의 마음을 열망한다.[95]
"들어라, 내 영혼아, 침묵 속에서 들어라,
주께서 부르시니 날뛰지 마라.
오, 높으신 왕이여, 왜 노예로 오는가?
불멸의 생명이여, 왜 무덤으로 오는가?
오, 자유 자체인 너 자아여,
왜 좁은 새장 안을 열망하는가?"
멀리 히말라야가 부른다!

"저 하늘 봉우리를 깨워 일으키자.
끝없이 버리고 버린 태양의 오렌지

자유롭게 튀어 오르는 색 중의 색
그대의 화염에서 이는 불꽃
그대에게로 반사해 보내는
하늘 해금, 태양 하프가
파도로 이어지는 부름의 노래에 화답한다."
멀리 히말라야가 부른다!

"그대, 오, 우주 아디띠의 아들,[96]
신의 말씀 로고스의 아들 에베레스트야
너는 이 작은 죽음을 휴식이라 부르는구나!"
"오, 하누만, 바람의 아들아,[97]
그대 영혼이 누웠을지라도
높이 타오르는 이 산을 죽음한테 던져라.
여기 히말라야 하늘에서 나는 향유가 있으니
가슴을 밝히는 생명과 빛과 더불어"
"그대 쉬지 않고 전진하는 바다의 파도
투구를 장식하는 빨간 불꽃과 더불어."
멀리 히말라야가 부른다!

"오, 그대, 비쉬누의 새, 가루다여,[98]
그대 황금 날개여, 서두르라, 그대여, 빨리!
칸첸준가, 나다 데비,[99]
바이꾼다[100] 의 소우주,
세슈나가[101] 의 은하 바다
두 날개로 모든 거리(距離)를 덮거늘
땅의 새장에 가두겠는가?
돌에 매어놓겠는가?
어서 일어나라, 어서 깨어나라, 주께서 기다리신다,
지금 히말라야로 오라시니
그대, 오, 가루다여, 서두르라, 빨리!"
멀리 히말라야가 부른다!

"그대, 오, 딴다브,[102] 격정의 북아,
저기 까일라시[103] 에서 시바님이 기다리신다.
미끼를 물지 말고, 덫에서 벗어나라.
가라, 가나[104] 의 무리에 합류하라,
가라, 마나스의 호수[105] 를 바라보며 기뻐하라!"

"바위에서 태어난 히마반뜨의 딸 빠르바띠여,[106]
왜 늘 나로 있지 아니한가?
내 지혜의 강 빠르바띠여,
브라마뿌뜨라여,[107] 브라만의 딸이여,[108]
왜 짠 바다 쪽으로 급히 가는가?
왜 남편 마하데브를[109] 사랑하지 않는가?
그것은 늦게 자라나니 동굴의 입구를 찾아라,
무한히 앉아 명상하라,
눈을 감고, 그의 꿈을 애무하면[110]
그가 너를 데리러 올 것이다!"

그것이 안간힘을 다해
탕탕 두드리며 부른다.
(더 이상 바다의 파도에 흔들리지 않는 내 영혼!)
해안 지평선으로 별의 합창대를 부른다,
자꾸 더 크게 부른다. 오감이 휘청거리고
하늘이 딴다브^{tandav 시바의 춤} 북 치는 소리로 가득하다.
보지 못하고 만지지 못하는

거룩한 연회의 주인장 미지(未知)의 양손,
내 육신이 영혼에서 과일껍질로 벗겨진다.
멀리 히말라야가 부른다!

"히말라야에서 우리는 너를 기다린다.
네가 느끼는 환상에서
가까운 미래의 환상에서 벗겨지는 육신.
스스로 육신을 던져
날개 펴고 날 것이다.
슬픔이 끝나고, 울부짖음이 끝나는
눈[雪]의 영원한 순수함에 이를 것이다."
그들이 말할 때 삼라만상이 고요하나
내 마음의 숲에서
지금 새로운 자유의 색채들이 소란을 일으킨다.
나는 두 날개를 펴고 올라간다.
내 손이 막 닿은 연꽃 중심부에
놓여 있는 보석
찬란한 광채가 빛난다.

멀리 히말라야가 부른다!

히말라야로 여행을 시작한다.
영혼이 안개에 싸여 살고 있는
원시의 과거, 영원을 가로질러,
불운함에 오랫동안
본체가 현상 장식(裝飾) 속
오감의 사슬에 묶여버린
이국의 토굴에서 벗어나
이름은 섬, 모양은 대륙인
시공(時空)의 바다 건너로,
소멸하는 황혼의 해안과
장엄한 창조의 새벽 해안이 싸우는
처음 수평선 강가^{Ganga 갠지스강의 다른 이름}에게로 날아간다.
멀리 히말라야가 부를 때
나는 바다 깊은 곳으로 '나의 것'을 던진다![111]

산 정상에서

은하로 흐르는 빛의 시내
거대한 갠지스, 신의 기쁨이
은총의 폭포가 되어
장엄한 공회당인 머리[頭]로 들어간다.
우주의 숄로 하늘을 두른
나는 모든 산의 왕이다.
세상아, 내면아,
멀리 히말라야가 부른다.
멀리 내 히말라야가 부른다.

굴

내가 사는 석굴은 무척 넓다. 이 굴에는
여러 모양의 출입구도 많고,[112]
쏟아져 들어와
퍼져나가는 다채로운 빛의 기둥도 많다.
생명의 실이 흘러들고 나간다.
어느 산 속 내 동굴, 오랜 순간 안온하고 조용하다가
다시 산이 폭발하면서 흔들린다.
나의 굴은 많은 길과 통로
계곡과 산
번개가 우르릉거리며 줄지어 지나가는 구름을 바라본다.
저녁빛이 사위어가는 시간이나 아침빛이 자라나는 시간에
나는 앉아 지나가는 행렬을 본다.
그들은 즐겁게 소리치기도 하고, 조용히 슬퍼하기도 하고
동굴에 앉은 나를 잠시 살펴보며
흥미로워 하기도 하고, 무시하기도 한다.
생명 연료로 불을 지피니 따뜻하다.
창백한 잠은 바람에 날린다.
불씨가 재에서 깨어나 타오른다.

너울거리는 발재간, 춤추는 그림자, 괴기스러운 그림,
외부의 빛과 뒤섞인 어둠, 낯선 무지개.
나는 두려움에 떨며
터져 나와 이글거리는 목마른 화산을 잠재우러
조용히 물이 흐르는
내 강 깊은 곳으로 달려간다.
내가 이 산 자궁에 깊이 자리 잡은
지하 강에서 자세를 바로 한 채
냉정하고 침착하게 웃으며 한 차례 피난의 목욕을 즐기는 동안
바깥세상 행렬은 길을 잃고
어디론가 끝없이 가고 있다.

내 사랑하는 무한이여

나로 그대의 자비로운 눈이 되게 하오. 무한, 내 사랑하는 무한의 표적이 되게 하오. 내 표적이 되어주오. 나로 그대가 우주 소리 '옴'의 활로 쏜 화살이 되게 하오. 나로 친절한 호흡 미풍에 떠가게 하오. 표적과 화살이 하나가 되듯 그대와 하나 되게 하오. 오, 그대, 내 인생이여, 보다 높은 내 인생이여, 무한이여, 내 사랑하는 무한이여.

사랑이여, 그대는 내 사랑입니다. 기쁨이여, 그대는 내 기쁨입니다. 그대가 함께할 때 나는 나이나, 그대가 떠나고 나면 나는 나가 아닙니다. 그대를 보지 못해 나는 약하고, 외롭고, 절망에 빠지고, 우울합니다. 그대를 한번 봄이 나의 영원한 승리나, 그 승리는 그대의 것입니다. 의식(意識)하는 하나여, 의식하는 우주의 유일한 하나여, 무한이여, 내 사랑하는 무한이여.

내가 그대와 함께 보낸 시간이라야 고작 몇 번의 찰나에 불과합니다. 그대는 그 하나하나에 영원을 담아놓았으나 내게는 충분치 않습니다. 화려하게 포장된 물건을 보고 어머니의 무릎에서 벌떡 일어나 달려가는 아이처럼 나는 이유도 모르면서, 정녕 아무런 이유도 모르면서 그대가 있는 곳을 떠나 그대의 모습을 영영 잊어버립니다.

내 빛이여, 내 태양빛이여, 무한이여, 내 사랑하는 무한이여.

그러나 이제 영원히 활이 마련되고, 미풍이 불고, 표적이 앞에 놓였으니 활 쏘는 그대의 손이게 하오. 그대의 소리 곧 활이게 하오. 이 미풍으로 그대의 호흡이게 하오. 내 표적으로 그대이게 하오. 그대의 자유로 자유로워지고 깃털 고운 날개를 단 그대의 불꽃인 이 영혼으로 활이게 하오. 나는 그대입니다, 무한이여, 내 사랑하는 무한이여.

오, 그대 모든 것이여!

세상의 진리에 따르면 노예는 주인이 있을 때 노예지, 주인이 사라지면 노예 자신이 작은 주인이 됩니다. 그러나 그대와 나는 그렇지 않습니다. 나는 그대가 있으면 주인이 되고, 그대가 없으면 노예가 됩니다.

사람들은 물을 마시면 갈증이 사라진다 말합니다. 그러나 내가 세상 풀밭에서 오감의 입을 벌리고 먹으면 나의 목이 더 타들어갑니다. 내가 문을 닫고 오감의 소매를 불러들이면 갈증도 사라집니다.

그대의 해안에 앉으면 그대의 포효가 나를 채웁니다. 그대 깊은 곳으로 뛰어들면 그대의 침묵으로 고요합니다. 내가 그대에게로 끌릴 때 그대는 얼굴을 돌립니다. 그대로부터 멀어질 때 그대의 끈이 나를 잡아당깁니다. 성문(城門)을 열면 바깥세상의 것들이 밀려들어오지만, 감각의 문을 닫으면 보다 높은 존재로 영원히 살게 되고, 나를 비우면 그대의 사랑이 나를 채웁니다.

오, 그대 모든 것이여, 없는 모든 것을 부정하고 있는 모든 것을 긍정하는 그대여, 세상이 내 모든 것이 될 때 내 위대한 참 나는 작아지지만, 그대가 세상의 모든 것이 될 때 나는 그대 우주의 고요로 고요해집니다.

내 사랑하는 이여, 내 사랑이여

나의 참 나, 나의 주인, 나의 하느님, 내 사랑하는 이여, 내 사랑이여.[113] "빵을 주세요, 물을 주세요, 젖을 주세요, 먹을 걸 주세요. 빛을 주세요, 현실을 주세요, 영생을 주세요. 무한이여, 안락을 주세요, 위안을 주세요, 한번 보게 해주세요."[114] 하고 요청하고 구걸하고 구슬리는데 이젠 신물이 났다. 나는 더 이상 그대 왕관의 보석을 달라고 구걸하지 않으련다. 나로 그대의 발에 밟히는 흙이게 하라. 나로 그대의 발을 씻는 물고기이게 하라.[115] 다음 생에는 인간이 아니라 한 그루 백합으로 태어나, 그대 궁전 밖 연못에서 자라게 하라. 그대가 아침에 산책을 나왔을 때 그대의 눈길이 내게 머물 수 있도록.[116] 꽃을 활짝 피워 그대 자신의 향기를 그대에게 날려 보낼지 모를 일 아닌가. 나의 태양인 그대가 동쪽에서 솟을 때 하늘을 날게 하오. 나를 잎사귀로 자라게 하여 그대가 그 나무 밑에 앉을 때 바람을 보내게 하오. 나를 어루만져라, 그러면 타오르겠다. 그대가 걷는 숲길 위를 헤치고 가는 뱀이 되게 하라. 나를 집어 그대의 강력한 벽력(霹靂), 거룩한 영, 나의 주(主) 허리에 감아 나를 감전시키고, 영원히 그대의 자유, 영원한 자유에 동여라. 나를 그대에게 묶으라, 그대의 자유에 묶으라. 나를 그대의 노예로 삼아 작은 주인으로 만들지 말고, 나를 파괴하여 불사신으로 만들라.

다시는 바라지 않으리라 다짐하면서도 여기서 또 다시 바라는 나, 그대의 의지만이 내 바람이기 때문. 나 그대가 짓밟는 흙이게 하라. 그대 발을 씻는 물고기이게 하라. 나로 그대가 걷는 숲길에서 지저귀는 한 마리 새이게 하고, 그대가 앉아 쉬는 나무의 잎사귀이게 하고, 그대 손에 죽게 될 기어가는 뱀 한 마리이게 하고,[117] 그대 벼락에 감기는 한 줄기 빛이게 하라. 그대 의지가 내 바람이니, 나 이렇게 바라는 바가 내 모든 바람의 끝.

그대의 약속

그대는 약속했습니다.
제 가슴 한복판에 십자가를 그으며
세 번씩이나 말씀하셨습니다.
"죽기를 바라지 마라.
나는 너를 죽음에서 살릴 것이요, 네가 영원히 살 것이다."
제가 물었습니다. "바로 이 시간 이 집에서
제가 과연 깨치게 될까요, 육신이 될까요? 제가
저를 통해 말씀하시는 그대의 영원으로
빛으로 가득한 부처와 같이
현명해질까요?"
여기 그대가 제 안에 앉아
저를 모든 암흑에서 일으키겠다고
조용히 그대 침묵의 모든 힘으로 약속했습니다.

저는 다시 물었습니다. "제가 사라지지 않을까요?
제가 실제일 수 있을까요?
제가 신기루 의식(意識)은 아닐까요?
제가 밧줄인 뱀에게서 풀려날까요?"

저는 물었습니다. "제 그림자 있는 곳에 빛도 있을까요?"
제 그림자 옆 그대는 빛이었고
그대는 약속했습니다,
제가 실재할 거라고.

그대는 두 번째로 제가 모든 암흑에서 일어나리라고 약속했고,
세 번째로 제가 그리스도와 하나가 되리라고
제 영혼이 그리스도와 같아지고, 부처와 같아지리라고 약속했습니다.
그렇습니다, 그러고 나서 그대는 제 모든 의견을 그대의 진리로 바꾸라고
명령했습니다.
제 씨앗이 그대의 꽃 속에서 자라게 하고,
제 신기루가 그대의 연못이게 하라고 요구했습니다.

그대에게 약정한 대로 하지는 못한다 해도
적어도 그대에 대한 제 갈망이 진실임은 알고 있습니다.
구름 속 물의 입장에서야
사막의 모래가 구름을 부르기만 해도 충분치 않겠습니까?
부처가 아니라할지라도, 그리스도가 아니라할지라도

적어도 저를 그대의 호흡을 쉬고, 그대의 빛을 나르는
사람으로 만들어주시지 않겠습니까?
약속한 대로 그대가 저를
바로 이생에서
허상에서 실재로
어둠에서 빛으로
죽음에서 영생으로 이끌어주시지 않겠습니까?
약속한 대로, 명상으로 저를
저의 무한한 참 나로 이끌어주시지 않겠습니까?

복종

오늘 나는 "나마스",[118] 즉 내 것이 아니라고 말하겠다! 내가 주장한 모든 것들에 대해, 내 모든 주장에 대해, 내 모든 희망과 기대에 대해 "내 것이 아니다"라고 선포하겠다. 명예와 조롱, 사랑과 증오, 매혹과 혐오, 이런 모든 것들이 다 내가 버려야 하는 나에게서 생겨났다고 말하겠다. 그 모두에 대해 일체 반응하지 않겠다. 오늘 나로 평정의 성서를 읽게 하오.

오늘 나는 성공, 실패, 크기, 모양, 형태와 같은 외부 조건과 나를 동일시하지 않겠다. 나로 나 자신이 영원히 순수하고, 영원히 현명하고, 영원히 자유로운 순결한 빛, 생명, 의식의 장(場)임을 확신케 하라. 내 행위 모두가 내 의지에서 비롯되지, 나를 둘러싼 상황에서 비롯되지 않는다. 나는 나다. 오늘 내 안에서 무한히 사는 나 자신의 평화의 영혼을 찾겠다. 이 영혼이 내 하느님, 내 스승님, 내 사랑이다.

오늘 내가 하느님 품에 안기든 버림받든 다 내 하느님께 달렸고, 내가 가르침을 받든 못 받든 다 내 스승님께 달렸고, 나를 친구로 삼든, 내게 외로움을 주든, 빛과 평화를 주든 다 내 사랑에게 달렸다.

신성한 사랑

기도는 어딘가에 속하고 싶다는 외침이고, 속함은 곧 명상입니다. 기도는 "나는 당신을 사랑하므로 당신께 속해 있습니다"라고 말하고, 명상은 "당신이 나이고, 내가 당신입니다"라고 말합니다. 카비르(Kabir)는 이렇게 말했습니다.

> 나일 때 당신이 아닙니다.
> 당신일 때 내가 아닙니다.
> 내 친구여, 이 사랑의 길은 아주 좁아
> 두 사람이 나란히 걷지 못합니다.

이란의 수피교도 만수르(Mansur)는 "이곳이 내가 사랑하는 이의 침실이다"라고 말하며 교수대에 올랐습니다. 그는 군중을 보고 웃음 지으며 "사랑하는 이들이여, 내 곁으로 오라. 그대들도 나와 같이 그분의 궁전에 이르는 이 계단을 오른다면 내가 그분이듯, 그대들도 그분이다."라고 말했습니다.

그대의 여러 겹 마음이 우주의 중첩된 층을 감쌀 때 다양한 욕망이 일어나듯, 그대는 둘 사이에 이별이 오게 되면 울고, 간청하고, 애원하고, 호소하게 됩니다. 그렇게 울고, 애원하기보다는 입을 꽉 닫고 혀를 움직이지 말고 진심으로 기도해서 어떤 말의 파동도 그대 마음 표면에서 일어나지 않게 하십시오. 그대 마음속 감춰진 동굴에서 그대의 보다 높은 참 나로 보다 낮은 나를 일으키게 하여 보다 낮은 나로 하여금 보다 높은 참 나에게 두 손을 합장하고 절하면서 이렇게 선언하도록 하십시오. "오늘까지는 내가 당신의 나였고, 당신이 나의 당신이었습니다만, 이제부터는 나는 당신의 참 나입니다."[119]

나의 선물

어머니가 포도 한 줌을 아이에게 줍니다. 포도 몇 알이 아이의 손에서 으깨지면서 어머니의 앞치마에 붉은 물이 듭니다. 아이는 어머니의 입 속으로 포도 한 알을 부드럽게 밀어 넣습니다.

나 또한 은혜의 보답으로 당신께 드릴 게 없나 찾아보았으나, 내가 집어 든 물건마다 전에 당신이 주신 선물 아닌 것이 없었습니다.[120] 나의 것이라곤 무엇 하나 찾지 못 하였습니다. 나의 '나' 까지도 당신 자신의 나니까요.

내가 드린 선물을 생각하면서 당신이 웃음 짓기 바라지만, 내가 아는 건 그저 나 자신의 입술에 감도는 사랑과 기쁨뿐입니다. 이제야 비로소 당신이 제 선물을 받아주셨다는 걸 알게 됩니다.

충만의 노래

태양 불길 속에서 춤을

나는 벌거벗은 채 태양 불길 속에서 춤을 출 겁니다.
전 우주를 내 팔로 껴안기 위해
하늘 높이 솟아오를 겁니다. 이제
슬픔의 푸른 바다는 필요치 않습니다. 노란 새벽빛이 나를
내 자신의 땅으로 맞아들일 겁니다.

나는 온갖 별로 머리를 꾸밀 겁니다.
위성(衛星)이 우주의 좁은 시내에 놓인 내 징검다리가 될 겁니다.
신혼의 첫날밤이 왔으니 이제 더 이상
면사포는 필요치 않습니다.

춤을 추다 지치면 사랑하는 이의 품에 안길 겁니다.
이 우주 변경의 황혼이 부드럽게 웃으며
내 귀에 속삭입니다.
그가 기다리고 있으니, 합환의 밤이 왔다고!

나는 하늘의 처녀입니다.
날개가 다시 자랐으니, 인간이여, 안녕!

순전히 행운의 힘입니다.
그대들 사이에 떨어져
내 부끄러움에 팔다리를 걸치고
한 육신을 입어 나 자신을 가렸을 때
그대들이 알아차리지 못하고
그대들 욕망의 황금 사슬로 나를 묶지 못했던 것은.

안녕, 땅 위의 내 유령들아.
다시 자유로워진 나는 스스로 발가벗고,
날개가 다시 자랐으니, 인간이여, 안녕!

영원히 빛나라

나는 두 손을 높이 치켜들고
위로, 위로 올라간다.
수많은 은하수와 태양에서 눈을 떼지 못한다.
면사포를 벗은 아름다움, 더 이상 부끄럽지 않은.

내 나리꽃들이 피어나 달빛을 만진다.
톡 쏘는 하늘의 풍미가 새롭다.
산들산들 불어오는 봄의 향기를 맡는다.
천사 간다르바스와 압사라스[121] 의 달콤한 음악
오, 즐거운 교향악! 대지(大地)도 보금자리의 하나.

밤이 끝나 이제 밤은 우울하지 않다.
의혹이 사라져 모든 답을 알았다.
마음의 모든 매듭이 풀렸다.[122]
진리의 흰 보석이 넘친다.

나는 고바르단 산을
내 왼 새끼손가락으로 들어 올리겠다.[123]

하늘이 내 머리고, 바다가 내 발이다.
생명의 별과 빛의 양초가
영원히 꺼지지 않고 타오른다.

영의 부활절

무지의 밤이 끝나갈 무렵, 그대의 참 나가 빛의 태양이다.
아침이 그대 마음 너머 지평선에서 지평선으로 물결치고
    머리에서 발끝까지 깨달음으로 부풀어 오른다.[124]

깨달은 것들이 빛의 바다에 헤엄치며 노는 무한 시공의 저편 해안에서 축복의 조수가 그대 생의 모든 호흡으로 밀려들어온다. 아침 파도가 그대 마음을 씻어주고, 그대 존재의 기공(氣孔)마다 '오늘이 내 깨달음의 날!'이라고 선언한다. 태양이 떴다, 태양이 떴다!

그대 팔다리가 긴장하지 않을 때, 무한이 뇌를 삼킬 때, 영혼이 어떤 형체도, 이름마저도 원치 않을 때, 신의 축복이 유일한 기쁨이 되고 세상의 즐거움이 고통이 된다. 타락한 대천사가 다시 제 7의 천국으로 올라갈 때 그대의 몸이 주인이고, 그대의 피가 포도주이고, 그대의 마음이 교회이고, 그대의 의식이 승천의 때에 '그리스도가 하늘로 올라갔다, 그리스도가 하늘로 올라갔다!' 고 외친다.

깨달음의 축복

내 호흡은
봄꽃들의 향기이지
빈 허공을 감도는
한숨이 아니다.

내 눈은
해와 달의 광선이지
밟혀 깨진 조개껍질의
반짝임이 아니다.

내 귀는
밤낮으로 꿀이 흐르는 꽃술이지
착각을 일으키는
열정의 포도주잔이 아니다.

내 입술은
다른 이들이 위로받고
쉬는 강둑이지

용암을 뿜어내는
험악한 화산
분화구가 아니다.

내 생애는
우주 사원
신의 상(像) 앞에서
곧게 타오르는
심지이지
쟁기에 부서지고
폭우에 으깨지는
진흙 덩어리가 아니다.

내 마음은
밝은 대낮의
숲의 침묵이지
어두운 밤에 울리는
두려움의 북소리가 아니다.

내 심장은
어머니 젖에서 솟아난
생의 선물이지
행성의 부를 훔쳐 달아나는
운석의 은밀한
발자국소리가 아니다.

내 육신 전체가 하프이고
팔다리가 현이다,
아침마다
하늘 시냇가에서 노래하는
새소리에,
우주의 건강과
살아 움직이는 느낌에,
곡조를 맞추는.

내 몸은 감옥이 아니다.
깨닫는 축복의 희열을

어둠으로 숨기고
억압으로 묶어놓는
해골의 새장이 아니다.

두 손이
검을 휘두를 만큼 강하진 못해도
축도를 하지 못할 만큼
약하진 않으니.

자유로워져라! 나 잘난 대로 하라!

자유로워져라! 나 잘난 대로 하라!

절벽에서 춤추고, 태풍 한복판에서 웃어라. 분노로 살인을 하고 싶을 적, 잠시 조용히 서서 웃어라. 그리고서 분노하라.

하늘의 번개 하나를 낚아채 그것으로 때릴 듯이 하다가도 그대로 비춰라. 나 잘난 대로 하라!

백 개의 손으로 당당히 모아 천 개의 손으로 은밀히 주라.[125] 대개 사람들이 악의는 숨긴 채 선한 게임을 하는 척 한다. 그대 내면 전체가 순수와 사랑이라면, 오늘 그대의 규칙을 바꾸고, 악의를 드러내라. 하늘에 침 뱉는 것과 같으니, 얼마든지 그들로 내게 침 뱉게 하라. 나 잘난 대로 하라!

혼자 욕실에서 벌거숭이로 당나귀처럼 울어도 좋고, 뻐꾸기처럼 노래 불러도 좋다. 그런 일이 다 자기 좋아서 하는 일이니, 그렇게 온종일 홀로 있으라. 육신의 비단 망사를 가장 깊은 호흡이 일으키는 바람에 벗어던져라. 그리고서 혼자 빛의 소용돌이로 춤추라. 그대가 그런 자유를 원한다면, 그대 원하는 대로 하라!

자갈을 살랑거리는 실개울이 되거나, 세상을 씻는 거대한 바다가 되라. 그대의 이마를 산으로 만들고, 나비를 타고 날아가는 먼지로 만들라. 그대가 정 원한다면 물을 포도주로 만들어라. 여러 주님께서 좋아하시는 게임을 하라. 그런 자유로움 속에서라면 맘껏 나 잘난 대로 하라!

보살[126]

많은 이들이 당신께 하늘 처녀의 방으로 들어가 기쁨의 순간을 누리게 해 달라고, 영원의 음료를 한 모금 먹게 해달라고 기도합니다. 그들은 오늘 안락을 돌보지도, 집안 정원을 가꾸지도 않고, 팔다리를 회개의 잿더미에 문지르면서, 내일 빠리자따[127] 의 그늘 아래 누워 옷 짜는 순간만을 꿈꿉 니다.

그러나 저만은 제 해방이 오는 날, 그런 하늘의 과실을 구걸하지 않으렵 니다.

제가 알뜰히 기쁨을 모으는 까닭은 금고 가득 채우다가 기쁨을 모르는 이 들에게 나눠주기 위해서이고, 호주머니를 조건 없는 사랑의 미풍으로 채 우는 까닭은 지하 세계에 풀어놓아 영원의 고문을 견디는 이들의 아픔을 위로하고 상처를 치유하기 위해섭니다.

제가 비가 새는 은자의 쉼터[128] 를 떠날 때 저를 천국으로 들여보내지 마 세요. 제 행동 눈금의 후견인이여.[129] 제 이름이 적힌 기억 장부 밑에는 선 한 행위를 적지 마세요. 제 자비의 짜디짠 눈물이 낙원의 달콤한 꽃이슬 의 웃음에 숨이 막혀 죽기 바라지 않습니다. 제게 친절을 베풀기 원한다면 저승사자에게 저를 지옥으로 보내라고 명령하십시오. 그곳에서 귀를 찢는 고통의 울부짖음을 행복한 웃음으로 바꾸려 하나니.[130]

침묵의 예배 송(頌)

신이시여. 제게 이런 소망을 주소서.
침묵의 사람으로 드높여주소서.
아무도 발소리 듣지 못하게 조심스럽게 걷게 하시고,
제가 지나면 사람들 마음에 부드러운 향기가 풍기게 하여
닫힌 문 뒤에서 싸우는 두 연인이
갑자기 침묵에 잠긴 채
어찌된 평화가 어디에서
그들의 가슴으로 흘러들어왔는지
궁금해 하게 하소서.
  오, 신이시여, 바라는 대로 이루게 하소서.

신이시여, 제게 이런 소망을 주소서.
당신의 무명용사의 이 무덤에
어떤 이름도 새기지 않게 하시되,
그 옆을 지나는 사람 누구나
멈추고픈 충동을 느끼게 하소서.
그러면서도 그 까닭이
이 허접한 한 뙈기 땅에 멈춰 섰기 때문임은

조금도 알지 못하게 하소서.
    오, 신이시여, 바라는 대로 이루게 하소서.

신이시여, 제게 이런 소망을 주소서.
제 침묵이 노래로 중단되는 일이 없게 하시되,
붐비는 저잣거리에서 저를 스쳐가는 이 누구나
당신을 기리는 노래가 가슴에서 일어남을 느껴
그의 입술이 자신도 모르게 노래 부르게 하소서.
    오, 신이시여, 바라는 대로 이루게 하소서.

신이시여, 제게 이런 소망을 주소서.
은밀한 사랑처럼
당신을 사랑하지 않는 이들 앞에서는
그들 어린 감정이 상처 입는 일 없도록
당신 이름을 입에 올리지 말게 하소서,
그러나 당신을 그리는 제 마음은 별처럼 높이 솟구쳐
그 메아리가 그들 마음을 가득 채우게 하소서.
    오, 신이시여, 바라는 대로 이루게 하소서.

신이시여, 제게 이런 소망을 주소서.
저는 도무지 꿈을 꾸지 않되
제 옆에 누운 이들은
당신을 꿈꾸고
잠 속에서 당신의 이름을 중얼거리게 하소서.
    오, 신이시여, 바라는 대로 이루게 하소서.

신이시여, 제게 이런 소망을 주소서.
제가 벙어리로 말없이 서 있는 동안
제 앞에서 수백만의 사람이 의혹의 입을 열고
제게 마구 소리치게 하소서.
그 일로 그들의 의혹이 말끔히 가시고
그들 내면의 목소리가 고요해지게 하소서.
    오, 신이시여, 바라는 대로 이루게 하소서.

신이시여, 제게 이런 소망을 주소서.
제가 폭군의 군대에 신병으로 입대해서
폭군이 정복 행진을 시작하라는 명령을 내리고

제가 다른 병사들 틈에 끼어 경례할 때
우연히 흘낏 제 모습을 본
그의 마음에 흰 비둘기가 날게 하시어
그가 행군 중지를 명령하고
힘 약한 이웃 나라에
평화의 사자를 보내게 하소서.
저 때문인지는 전혀 모르면서
모든 부대를 해산하게 하소서.
그래서 저로 다시
다른 폭군의 군대에 입대할 기회를 주소서.
    오, 신이시여, 바라는 대로 이루게 하소서.

신이시여, 제게 이런 소망을 주소서.
저로 구걸하며 여러 성을 떠돌게 하시어,
제가 지나간 다음에는
부자들과 욕심쟁이들에게 기적이 일어나,
그들이 수레 가득 음식을 보내
성문 근처에서 잔치판을 벌여 굶주린 무리들을 먹이고 난 뒤

다음 날부터는 널리 모든 이들을 초대하여
언제나 그들 자신의 집에서 먹게 하소서.
    오, 신이시여, 바라는 대로 이루게 하소서.

신이시여, 제게 이런 소망을 주소서.
가장 어려운 시기에 이 세상에 태어나게 하시어
저는 영문도 모른 채
제가 태어난 세상을 태평성대로 만들게 하시고,
다시 어려운 시기가 올 때까지
육신에서 빠져나와 당신 안에 거하게 하소서.
    오, 신이시여, 바라는 대로 이루게 하소서.

신이시여, 제게 이런 소망을 주소서.
이 글을 읽고 듣는 사람 누구나
영이 고요해져
당신이 주신 소망을 갖게 하시고,
그들의 소망이 모두 이루어지게 하소서.
    오, 신이시여, 바라는 대로 이루게 하소서.

바라는 대로 이루게 하소서, 신이시여.
제 기도를 들으시어
제 내면에서 다만 이런 말씀만 들리게 하소서.
"바라는 대로 이루리라,
아들아. 내가 바로 네게 소망을 주신 그분이니라."
"바라는 대로 이루어지리라."
　오, 신이시여, 그렇게 바라는 대로 이루게 하소서.

에필로그
태양의 침묵

그대가 보는 빛은 흩어지고 퍼진다.
그 빛은 벽을 맞고 튕겨 나와 벽 너머로 가지 못한다. 그러나
처음도 끝도 없으며, 지금도 다음도 없으며,
여기도, 여기 아닌 곳도 없으면서
시공을 초월해 지금 영원하므로 따질 길 없는
그런 빛이 있다.[131]
하늘에 천 개의 태양이 떠서 동시에 내리비친다 한들[132]
그대가 명상하면서 눈 감고 보는 그 빛의 찬란함에는 미치지 못한다.

불은 한동안 불똥을 튀기며 타오르다가 잔불로 사위어가고
재로 남는다. 그러나
태양을 밝히고 별을 빛나게 하는 불,
타고 남은 재가 흙이 되는 불이 있다. 신이 우주를 버리기로 결심하고
내재(內在)의 집을 떠나 초월(超越)의 수도원으로 들어갈 준비를 하면서
수많은 땅, 태양, 별, 은하계가 최후 심판의 불속으로 던져진다.[133]
수도승인 신이 그 남은 재를 바른다.[134]

신이 은둔했던 암자의 문을 다시 열자

신이 바른 재로 만든 알[135] 에서부터 전 우주의 불꽃 새들이
날아오른다. 그대가 눈 감고 명상하면서
그대 이마 뒤 광막한 내면 공간에서
그 알과 저 불새들을 보게 된다.

오늘 일곱 마리 빛의 말이 끄는 불의 전차가 나타나길.[136]
빛의 세계로 들어가 빛나길.

주석

1) 베다는 대략 B. C. 2000-1500년경에 수집된 20,000여 수의 찬가를 모은 지혜의 서(書)로, 인도의 모든 문학전통과 철학전통이 이 영감을 받아 형성되었다.

2) 스와미 라마 따르따는 20세기 초반, 인도와 미국 전역을 다니며 강연하고 가르친 위대한 철학자 겸 요기이다. 인도 현대종교사를 공부하는 연구자들 사이에서는 널리 알려진 분으로, 학술서와 논문을 포함하여 그의 삶과 철학을 다룬 여러 권의 저서가 출간되어 있다.

3) 이 황금 자궁은 스승 겸 모든 영적 지식의 원천을 뜻한다. 거룩한 영과 유사한 개념이다.

4) Pennsylvania의 Honesdale에 소재한 Himalayan International Institute of Yoga & Science에서 1978년에 출간된 스와미 라마의 Living with the Himalayan Masters를 참조하라.

5) 다음과 같은 유명한 산스끄리뜨의 찬가와 비교하라. "그분의 은총으로 벙어리가 자유롭게 말하고, 절름발이가 산을 오르니, 지고의 기쁨인 주(主)를 경배하나이다."

6) 신비문학의 표현에서는 어떤 스승이 산을 오른다고 하면, 의식(意識)이 이마 뒤에 머리 안에 있는 지혜 짜끄라에 이르려한다는 뜻이다.

7) 힌두 신화에서는 신을 다섯 가지 표식으로 알아볼 수 있다고 한다. 신은 발이 땅에 닿아 있지 않고, 눈을 깜빡이지 않는다. 그의 몸에는 먼지가 없고, 머리에 쓴 화환은 시들지 않고, 어떤 그림자도 드리우지 않는다. 그의 몸은 고체(固體)가 아닌, 어떤 에너지의 배열이다.

8) 힌두교에서 Kalki는 열 명의 신의 주요한 화신 가운데 미래 화신을 일컫는다.

9) 여기 두어 줄은, 이 책에 실린 상당수 시들이 완전한 존재가 아닌, 완전을 갈망하는 이들이 겪는 어둠과 절망에 대해 노래하고 있음을 말해준다. 그런 시들은 신의 화신으로서의 지식과 느낌을 표현하지 않는다.

10) 동굴은 내면에 있는 의식의 중심을 나타낸다. 이 책에서는 "in the cave," "in the cave of the heart," "in the heart"와 같은 구절들이 자주 나타난다. Katha Upanishad 1.2.12; 1.3.1; Mundaka Upanishad Ⅱ.1.10 ; Shvetashvatara Upanisaad Ⅲ.13, 20 과 Ⅳ.17, 20; Bhagavadgita ⅩⅧ.6.1을 참조하라.

11) 상키아철학과 요가철학의 목표는 모든 고통의 완전하고도 영구적인 제거이다. 텍스트(Sankhya Karika 1.2)에 따르면 욕망의 충족을 통해서는 이 목표에 도달하지 못한다. Laws of Manu Ⅱ.94도 참조하라.

12) 순수한 의식(Atman)이 참된 나이며, 현상으로 드러난 모든 세상에서 변하지 않는 영원한 진리이다. Atman은 깨어있는 상태, 꿈꾸는 상태, 깊이 잠든 상태에 퍼져 있는 영원한 참 나이며, 모든 현세의 고통과 쾌락을 넘어서서 초월 상태를 유지한다. 베다 철학에 따르면, Atman은 우주초월적인 참 나, 절대적인 실재, 브라만과 동일한 독립적인 참 나이다. 요기는 samadhi(깨달음)의 가장 높은 단계에서 그 자신의 내면 참 나에 도달한다.

13) 이 구절은 일상적인 명상 예배의 하나인 sandhya를 지칭한다. 목욕하면서 강과 관련된 천상의 생각을 하거나 악인을 태우는 것과 같은 이 시의 다른 부분들도 모두 동일한 예배 의식에서 유래한다. 명상에 헌신하는 수련자들은 이 sandhya를 보통 하루에 두세 번씩 행한다.

14) 인도의 사원에서는 이런 내용이 문자 그대로 사실이다. 날마다 의식을 통해 다음과 같은 신앙을 표현한다. 하늘에서 내려와 수많은 강을 통해 흐르는 물의 흐름이 결국 바다로 들어가듯, 모든 신께 바치는 예배는 다 한분인 신께 이른다.

15) 지혜, 영감, 화술, 음악의 신이다.

16) "우주 질서의 조화를 섬겨야 한다."이나 편집자가 "충동"을 "욕구"로 바꿔 넣었다.

17) 요가전통과 인도문화에서는 결혼의 목적이 두 사람이 생명을 위해 합쳐지고, 인연의 부채를 함께 갚아나감으로써 신과 합일하는 쪽으로 나아가도록 서로 돕는 데 있다. 따라서 결혼이란 상대와 맺는 계약의 일종이 아니라 신께 드리는 제사의 일종이다.

18) Laws of Manu IV.160을 참조하라. "고통과 즐거움은 오로지 이렇게 정의됨을 알아야 한다. 자신이 의존하는 모든 것이 고통이고, 자신이 자유로워지는 모든 것이 즐거움이다."

19) 내적 의식의 진정한 본성은 물리적 신체와 세상에서 진행되는 변화와 상호작용의 증인인 것이지, 참여자가 아니다. Shvetashvatara Upanishad IV.11.를 참조하라.

20) Aitareya Brahmana VII.11에서 따온 글귀.

21) "현명한 사람은 많은 교육을 받았어도, 전혀 교육받지 않은 듯 비쳐져야 한다." Mahabharata, Udyoga-pravan, 42.38 (Gita Press Edition).

22) 인도의 미학과 시학 전통은, 아홉 가지 기본 감정이 다양한 색채에서 생겨난다고 생각한다. 그 중 웃음은 흰색이라고 한다.

23) 이 시는 봄마다 열리는 Holi라는 채색 축제를 기념하는 시이다. 이 날이 오면 인도 전체의 도시에서 카스트나 상하관계, 연령 사이의 장벽이 완전히 무너진다. 사람들은 서로에게 물들인 가루를 던지고, 물총이나

주사기로 행인들에게 물들인 물을 싸댄다. 모든 적의를 잊어야 하고, 서로 적대해왔던 사람들끼리 만나 포옹하지 않으면 안 된다.

24) 8세기 불교 성자 Shatideva의 가르침에서 인용.

25) Mahatma Gandhi는 1948년 1월 30일 Nathur Godse의 총에 암살된다.

26) "실재는 하나이나, 현자는 여러 이름을 붙인다." Rig Veda 1.164.

27) Shvetashvatara Upanishad IV.20: "가죽조각처럼 (빈) 공간으로 사람들이 스스로를 감쌀 수 있다면 그때야 신성을 모르더라도 슬픔을 끝낼 수 있다."

28) 인도의 철학 체계에서는 토끼 이마에 난 뿔, 하늘의 화초, 석녀(石女)가 낳은 아들을 영원한 부정이나 불가능성을 예시하기 위한 비유로 흔히 사용한다.

29) Katha Upanishad 1.2.10: "여기 있는 것은 무엇이나 거기 있고, 거기 있는 것이 무엇이나 여기에도 있다."

30) Katha Upanishad 1.2.20과 비교하라.

31) 이것이 요가에서는 smriti의 실천이고 불교 전통에서는 Sati-patthana, 즉 mindfulness(正念)의 실천으로, 모든 명상 학파가 이 수행방법을 조직적이고 체계적으로 가르친다.

32) Laws of Manu IV.138를 참조하라: "진실을 말하게 하라, 즐겁게 말하게 하라. 불쾌한 진실은 말하지 마라. 즐거운 거짓도 말하지 마라. 이 법은 영원하다."

33) Yoga Sutras of Patanjali II.38을 참조하라. "진리의 siddhi를 성취한 사람이라면 그가 한 말은 반드시 이루어진다."

34) 산스끄리뜨 원문은 "늘 연기만 뽀얗게 뿜어내느니 차라리 한 순간이라도 밝게 타오르는 편이 낫다."이다.

35) "비폭력의 siddhi를 성취한 요기 앞에서는 어떤 폭력도 일어나지 않는다." Yoga Sutras of Patanjali II.36.

36) 16세기 귀의자 겸 성자이면서 시인인 Tulasi-dasa는 Ramacarita-manasa I편, Doha 7g에서 "온 세상이 Sita와 Rama와 하나라는 걸 알게 된 나는 두 손을 합장하고, 온 세상에 머릴 숙인다."라고 말하고 있다.

37) 아시아에서는 두 손을 마주 잡은 뒤 가슴 앞에 모아놓고 머리를 숙이는 인사법이 널리 행해진다. 이 자세는 기독교인들이 기도할 때 취하는 자세와 같다.

38) 이 구절은 상(像)을 새기는 것을 우상으로 여기는 사람들에게 주는 말이다.

39) 인도의 일부 종교 전통에서는 아주 특별한 모양의 계란형 자갈과 원형 자갈이 예배의 상징으로 사용된다. 이것은 형체가 없는 신의 완전성의 상징이지, 상(像)은 아니다.

40) 이 이유 때문에 인도 전역에서 암소가 어머니, 즉 go-mata라고 일컬어진다.

41) 아시아에서는 많은 사람들이, 신이 인간의 모습으로만 나타나지 않고 다른 모습으로 나타나기도 한다고 믿는다. 아시아에서는 이런 신의 화신(化身)과 관련된 이야기들이 널리 산재해 있다.

42) 베단타 철학에 따르면, 신이 이 세상을 창조한 것이 아니라, 초월적 실재가 자기 내부에서부터 경험적 실재를 드러냄으로써 이 세상이 만들어졌다고 한다.

43) 이 단락은 A.D. 8세기경 시 300선(選)을 쓴, 유명한 신비가이면서 성자 겸 시인 겸 왕이었던 Bhartrihari가 쓴 글을 그대로 옮긴 것이다. 출처는 Century on Vairagya, verse 3.

44) 집중과 명상의 방법은 이처럼 아주 다양하다.

45) 요가와 불교 전통 모두 이 네 단계를 통해 올바른 생각을 기르는 습관을 익히라고 권한다.

46) 생명 에너지를 내쉬고 들이쉬는 우리의 숨이 바로 prana이다. prana라는 말은 두 단어 pra와 na로 이루어진다. pra는 "첫 번째 단위"를 뜻하고 na는 "에너지"를 뜻한다. 에너지의 첫 번째 단위는 인간 안의 가장 미묘한 양상으로 들어 있고, 우주는 그 확장이다. 따라서 인간과 우주 사이에는 아무런 질적 차이가 없다. 마음을 양육해서 유지하고 생각을 낳는 것이 바로 이 prana이다. 그것이 마음에 연결되고, 마음을 통해 의지와 연결되고, 의지를 통해 개별 아뜨만과 연결됨으로써 우주의 영혼과 연결되고, 그래서 초월우주의 브라만과 연결된다. 모든 가능한 감각, 사고, 느낌, 지식은 오로지 prana에서 기인한다. 우주적인 참나를 깨닫는 주요한 명상 방법의 하나로 자신의 호흡을 가라앉히고 조절하는 법을 배운다. 이 시에서 prana의 의미는 요기들의 구전을 통해 전해져 내려온 의미에 따른다. 문법학자들은 이 단어를 pra(forth의 뜻)에서 도출하기도 하고, anima, animal, animate와 같은 단어에서 발견되듯이, "호흡하다, 생기가 넘치다, 살아 있다"를 뜻하는 동사 어간 an에서 도출하기도 한다.

47) 구약성경 출애굽기 3장 14절의 "나는 스스로 있는 자다."와 신약성경 요한복음 8장 58절의 "아브라함이 나기 전부터 내가 있느니라."는 구절과 비교해보라.

48) 요가 전통에 따르면 ajna chakra라 지칭되는, 미간(眉間)에 있는 의식 센터에 지혜와 영감이 자리잡는

다고 한다.

49) 이 시에서 설명하는 호흡에 집중하는 명상 기술은 다음과 같다. 콧속 호흡의 흐름에 집중하라. 내쉬고 들이쉬는 숨 사이에 멈춤이 없이 내쉬고 들이쉬어라. 멈춤이 일어날 때 각별히 주의하라. 그때 마음에 여러 혼란한 생각이 들어올 수 있기 때문이다.

50) 이 구절은 Yajur Veda 34.6의 다음 단락을 인용한 것이다. "전차를 탄 전사가 재빨리 고삐를 움켜쥐고 말을 몰듯, 그렇게 마음이 모든 사람을 이끈다. 내 마음이 이런 아름다운 생각으로 가득하길."

51) 다음과 같은 Katha Upanishad 1.3.3–6과 비교하라. "자아의 힘이 전차의 주인과 같은 것이요, 몸은 전차와 같은 것이요, 지능이 그 전차를 모는 이요, 마음이 고삐요, 오감이 고삐에 매인 말과 같음을 알아라." "지혜를 지니지 못하고 마음을 닦지 못한 이는 오감이 제멋대로 날뛰며 전차를 끄는 말과 같고, 지혜를 부여받고 잘 통제되는 순수한 마음을 지닌 이는 오감이 능숙하게 전차를 끄는 잘 훈련된 말과 같다."

52) Bhagavadgita Ⅵ.19와 비교하라.

53) 명상 인도자가 준 만뜨라를, 명상 수련자가 반복하여 외우는 것이 자빠(japa)이다. 만뜨라는 주문의 일종으로 여러 정신적·영적 에너지를 나타내는 음절이나 단어를 조합하여 만든다. 명상 중이든, 바쁜 생활 중이든 간에 자빠를 계속해서 실천하면 수련자의 내면에서 만뜨라의 영적 에너지의 힘이 인격적인 기질로 흘러들어온다.

54) 상키야철학에서는 다음과 같은 질문을 묻는다. "자아가 끝없이 순수하고 현명하고 자유롭다면, 무슨 까닭에 마음에 불순한 환영이 생기는 걸까?" 그것은 물질 에너지의 가장 정제된 형태인 마음이 거울처럼 쓰이기 때문이다. 거울이 깨끗하지 못할 때 그 안에 비친 자신의 영상을 보는 자아는 자신의 얼굴이 순순하지 못하다고 여긴다.

55) 명상을 하기 위한 마음의 준비를 하면서 이 시를 읽으면 도움이 된다.

56) Katha Upanishad Ⅱ.3.1과 Bhagavadgita ⅩⅤ.1.2을 비교하라.

57) 가장 유명한 크리슈나 상의 하나가 플루트를 연주하는 모습이다. 근처 마을의 주민들과 모든 소치는 남녀들이 그의 음악에 매료되어 모여든다. 그에게는 일만 육천 명이나 되는 아내가 있다고 한다. 이 아내들은 인간의 인성에 들어 있는 에너지의 흐름을 뜻한다. "크리슈나"라는 단어 자체가 "매혹시키고 황홀에 빠뜨리는 이"라는 뜻이다.

58) 이 구절은 어떤 최초의 경험에 근거하고 있다.

59) 가장 처음으로 하는 명상 훈련의 하나를 언급한다. so-ham을 뒤집은 ham-so는 태양, 백조, 호흡, 또

는 호흡의 태양 백조이다. 보다 상세한 면에 대해서는 저자의 저서 Mantra and Meditation (Himalayan Publishers)를 참조하라.

60) 주 54를 참조하라.

61) 소리의 요가인 나다 요가의 수행에서는 수행 초보자의 경우 명상 중에 여러 가지 소리를 듣게 된다.

62) 신성한 의식(意識)을 지닌 육신에서는 목숨이 극히 짧은 기간에 끝나기도 한다.

63) 이 구절은 주 49에서 설명한 바와 마찬가지로, 호흡에 집중하는 명상 기술을 언급한다.

64) Kena Upanishad Ⅳ.29와 비교하라. 신비문학, 특히 티베트문학에서 번개 같은 지혜의 불길이라는 구절이 자주 등장하고, 티베트 문학에서는 이러한 경험을 번개를 뜻하는 vajra 또는 dorje라고 일컫기도 한다.

65) 명상 초보자는, 날마다 명상을 정해진 시간과 장소에서 할 수 있도록 생활계획을 짜야 한다.

66) 내면의 길을 따라 머리 안에서부터 사지 구석구석으로 흐르는 평화와 에너지의 강(江)을 시각적으로 재현하는 의식이 일상적인 예배 의식의 한 부분이 되어야 한다. 기독교와 힌두교 전통에서 세례를 받거나 신성한 강에 들어가 목욕하는 것 모두 이런 정화의 내적 단계를 표현하는 상징이다.

67) "태양 안에서 빛나는 이가 바로 나이다." Yajur Veda 40.17.

68) 요가과학에서는 뇌를, 마음의 아주 극히 작은 부분을 매개하는 육체적인 전달 수단으로 본다.

69) 빛의 기둥은 잘 알려진 신비한 환영이다. 요가 전통에서는 이 빛의 기둥이 척추를 통해 흐르는 우주 생명과 의식(意識)의 힘을 뜻한다. 특히 꾼달리니 요가에서는 이 빛의 기둥이 samadhi로 이끄는 Shakti(여성적인 우주 생명의 창조력)와 Shiva(의식) 그 자체의 남성적인 측면의 결혼을 뜻한다. 시바의 남근을 상징하는 게 빛의 표식, 또는 빛의 기둥을 뜻하는 jyotirlinga로 알려져 있다. 빛의 기둥은 지구의 중심에 있는, 해가 뜨고 지는 산 Meru로도 비유된다. 왼쪽 코로 쉬는 숨은 달의 숨이고, 오른쪽 코로 쉬는 숨은 해의 숨이라고 한다. 아울러 힌두 신화에 따르면 창조자 브라마와 보존자 비슈누가 태초에 빛의 기둥을 보았다고 한다. 그 기둥의 처음과 끝을 알기 위해 브라마는 아래로 내려갔고, 비슈누는 위로 올라갔다. 그들은 무한까지 탐색해보고서 돌아와서 그것이 끝이 없음을 확인했다.

70) 여기에서 말하는 매혹적인 여성은 전 우주의 신성한 여성적인 힘 Shri, 또는 Shakti를 지칭한다. 이 시는 우주 전체와 의식이 신성한 에너지의 파동으로 여겨지는 최초의 경험에 대해 노래한다. 이 주제에 대한 가장 위대한 텍스트는 딴뜨라 전통에서 귀감이 되는 위대한 인물 Shankaracharya가 A.D. 8세기경에 쓴 Saundarya-lahari, "The Wave of Beauty"이다.

71) 주 15를 참조하라.

72) Shiva-Mahimna 찬가 32연을 옮긴 구절.

73) 의지, 지식, 행동이 신의 힘 또는 신의 잠재력인 세 겹의 Shakti를 구성한다.

74) Saundarya-lahari, verse 2를 참조하라.

75) 빛이 신의 발톱에서 나온다고 언급한 구절들을 여러 경전에서 찾아볼 수 있다.

76) Shiva는 우주의 무용수이고, 프리마돈나는 Shakti이다.

77) 인도의 우주론에 따르면 우주는 창조와 소멸의 무한한 순환을 거친다. 인간의 해로 따져 한 번 순환에 수백억 년이 걸린다. 순환이 끝날 때마다 신의 몸에 난 털만큼이나 많을 거라고 짐작되는 모든 은하계와 세상이 서로 부딪히면서 우주의 대화재를 일으킨다.

78) 힌두교에서는 제단에 다섯 공물을 바치는 예배 형식이 가장 단순한 예배 의식이다. 다섯 공물로는 흙의 요소와 첫 번째 짜끄라(꾼달리니가 잠재되어 있는 의식의 관문으로 여기에서부터 꾼달리니가 다른 관문으로 올라간다)를 상징하는 향기로운 분(粉), 우주의 모든 물과 두 번째 짜끄라를 상징하는 물 또는 우유, 우주의 모든 불과 세 번째 짜끄라를 상징하는 촛불, 모든 공기와 네 번째 짜끄라를 상징하는 향, 그리고 모든 공간과 다섯 번째 짜끄라를 상징하는 꽃을 바친다.

79) 강(江)의 성은 여성으로 본다. 우아하게 흐르는 면모를 지녔고, 물이 모성의 상징이기 때문이다.

80) Chandongya Upanishad, VI.10.1-3, Mundaka Upanishad, III.2.8, Brihadaranyaka Upanishad, III.8.9, Bhagavadgita XI.28과 비교하라.

81) 베다와 요가 신비주의에 의하면 불은 물에서 태어난다. 불의 센터는 물의 센터 뒤에서 각성된다. 지금도 순례자들이 몸을 담그는 거룩한 물이 있는 곳을 agni-kunda, 즉 불의 물웅덩이라 부르는 경우가 적지 않다.

82) 베다의 희생 예식에서는 이런 식으로 불을 일으킨다. 이 시에 묘사된 신비한 내용이 얼마나 중요한지는 Rig Veda III.29.2, Katha Upanishad II.1.8, Shvetashvatara Upanishad 1.14를 참조하라.

83) 이 구절의 출처는 Bhagavadgita IV.37이다.

84) Bhagavadgita XI를 참조하라.

85) 주 10을 보라.

86) Kundalini Shakti는 척추 밑 부분에서 휴면하는 뱀으로 상징된다.

87) 이 시는 산스끄리뜨 문헌에 나오는 참 나의 영광에 대한 수백 수가 넘는 찬가의 내용 중에서 극히 일부만을 묘사한다.

88) 이 시를 Rig Veda II.39와 비교하라.

89) 이 시는 Rig Veda X.129에 실린 창조의 찬가에 바탕을 둔다.

90) "샥띠"와 "지구 프리즘"라고 제목 붙인 두 시와 비교하라.

91) 여기에 나오는 어머니는 샥띠이다. 신께 도달하려면 가장 깊은 절망을 거쳐 절망조차 버리는 경지에까지 이르러야 한다.

92) 인도의 종교철학적인 서사시들을 모은 Puranas에서는 신성한 존재이면서 동시에 악마적인 존재인 devas와 asuras가 amrita를 찾기 위해 유백색 바다를 휘젓는다. 그들이 찾는 대상의 하나가 kala-kuta라 부르는 문자 그대로 "비밀스런 시간의 정수(精髓)"이다. kala-kuta가 우주 전체에 퍼져나가게 되면서 신들도 그 흐름에 휘말려들어 모든 살아 있는 존재들이 목 졸려 죽는 걸 보려 하나, 신 자신들도 kala-kuta가 퍼져나가는 걸 막을 수 없음을 알게 된다. 그들 모두가 samadhi상태, 즉 깊은 영원한 명상 상태로 앉아 있는 Shiva에게 간다. 그들이 찬송가를 불러 그를 깨운다. 결국 Shiva는 우주를 구하기 위해 그 독약을 모아 마시겠다고 말한다. Rig Veda X.136,7에 나오는 한 찬가는 이렇게 노래한다. "고행자도 Shiva와 더불어 그 잔의 독을 마셨다."

93) 이 구절은 우주의 소멸자로서의 Shiva의 끔찍한 면모를 언급한다.

94) 오랜 전승에 따르면 Shiva는 히말라야에 살고 있다고 한다.

95) 이 구절은 호흡 조절 수행으로 만들어지는 미묘한 생명의 힘인 pranas를 지칭한다.

96) 태양신들의 어머니 Aditi는 우주의 통합 원칙, 문자 그대로 불가분성을 나타내는 베다의 여신이다.

97) 유명한 원숭이의 신 Hanuman은 바람 신의 아들이라고도 일컬어진다. 그는 많은 기적의 힘을 지녔다. 그러나 갓난아기였을 적에 태양을 삼켰기 때문에 누군가가 가르쳐주기 전까지는 자신이 그런 힘을 지녔다는 걸 잊게 되는 저주를 받는다. 온갖 불순한 것들을 자신에게 돌리는 순수한 영혼의 모습 또한 이와 다르지 않다. Hanuman이 히말라야 산맥의 한 봉우리를 집어다가 스리랑카의 전쟁터로 옮겨놓았기 때문에 유명한 신의 화신인 Rama의 형제 Lakshmana가 그 봉우리에서 난 약초로 목숨을 구할 수 있었

다고도 한다.

98) Garuda는 보존의 신 비슈누가 타고 다니는 신비의 새이다. 비전(秘傳)에 따르면 이 새가 황금 날개를 단 자유로운 영혼을 상징한다. 임신 중에 드리는 정화(淨化) 성례에서 아버지는 아직 태어나지 않은 아들을 향해 "너는 아름다운 날개를 단 새이다"라고 말한다.

99) 히말라야 산맥에서 유명한 두 봉우리의 명칭.

100) 비슈누의 하늘을 지칭한다.

101) Shesha-naga는 몸을 휘감고 있는 영원의 뱀, 또는 순환적인 소멸 뒤에 남는 찌꺼기 물질이다. 비슈누는 유백색 바다 속에서 이렇게 똬리를 튼 영원의 뱀 위에서 잠을 잔다.

102) Tandava는 시바의 우주적인 춤을 일컫는다.

103) 티베트 영역에 속하는 이 봉우리에서 시바 신이 산다고 한다.

104) 가나(Gana)는 시바의 시종(侍從)을 일컫는다.

105) Manas는 마음을 뜻하며, 카일라사 산 뒤에 있는 티베트 영역의 한 호수를 일컫기도 한다.

106) 시바의 아내로, 히말라야의 딸로 의인화된다.

107) 히말라야 산맥에서 기원하는 유명한 강의 명칭.

108) "브라만"은 인격화되지 않은 절대적인 지고의 신적인 힘을 의미하는 중성 명사이다.

109) 위대한 신 Shiva를 지칭한다.

110) Parvati는 이전의 숱한 순환에서 Shiva의 아내였듯, 이 창조의 순환에서도 Shiva와 결혼하기로 정해져 있다. 그녀가 명상의 삶을 선택하는 까닭은, Shiva를 영원한 명상에서 깨울 수 있는 유일한 방법이기 때문이다. 그녀의 금욕적인 노력으로 그 힘이 최고조에 이르렀을 때 Shiva가 명상을 중단하고 그녀 앞에 나타난다.

111) 이 시에서 여기까지는 1962년에 썼고, 그 밑에 "히말라야 여행을 떠나기 전에 이 시를 끝마치겠다."는 메모를 적어 넣었었다. 그러나 다음 연은 1971년에 걸어 다니는 히말라야, 즉 나의 스승으로부터 태양과학을 전수받고 나서 썼다. 따라서 이 시는 1971년에 완성되었고, 그것이 이 마지막 연에 묘사되어 있다.

112) 여기에서 동굴은 인간이고, 그 입구는 오감이다.

113) 베단타 철학에 따르면, 세 층위의 현실이 있다고 한다. 초월적 현실에서는 뱀과 밧줄 모두 브라만, 즉 지고의 존재이다. 경험적 층위의 현실에서는 뱀은 뱀이고, 밧줄은 밧줄이다. 망상에 빠지면 밧줄을 뱀으로, 뱀을 밧줄로 착각한다. 그러나 완전히 깨달은 이에게는 경험적 현실 또한 망상에 불과하다. 어두운 방에서는 밧줄을 뱀이라고 두려워하고, 사막에서는 신기루가 오아시스로 보이듯, 이 세상이 실재한다고 여기게 되는 것 또한 망상 탓이다.

114) Brihadaranyaka Upanishad 1.3.28에서 이 구절을 따왔다.

115) 이 문장은 A. D. 16세기 경 한 Bhakta 시인이 북인도 Braj 방언으로 크리슈나에게 바친 헌신의 시에서 따왔다.

116) 마하야나(Mahayana) 불교 경전인 Sukhavati-vyuha에 따르면, 축복받은 영혼들 일부는 Sukhavati 천국에서 연못가의 백합으로 태어나 아침 산책을 나온 부처의 자비로운 눈길을 받게 된다고 한다.

117) 인도 신학에 따르면, 인간이 신과 맺게 되는 관계의 하나가 적의 관계이다. 신의 완전한 적이라면 신이 항상 생각하게 될 것이고, 따라서 늘 그의 주의를 끌게 된다. 신의 손에 죽을 정도로 신에게 적대한 자는 반드시 신의 처소로 가게 될 것이다. 날카로운 적의로 인해 신의 주의를 끈 한 예가 바로 사도 바울이 된 사울이다.

118) 내 것이 아님을 뜻하는 Namas가 또한 당신의 것, 주님을 뜻하기도 한다. 그것은 무욕과 희생의 방식으로, 이때 만물이 브라만에 속하는 존재임을 보게 된다.

119) 존경하는 스와미 라마께서 여러 설교에서 베푼 가르침.

120) 인도에서는 일상적으로 "당신께 드리는 저의 선물은 당신이 제게 주신 선물입니다, 나의 주여"라고 기도를 드린다.

121) Gandharvas와 apsaras는 육체적인 미의 이상형으로, 자주 지구를 찾아오는 가수 겸 무용수인 여러 남녀를 일컫는다. 요정을 뜻하는, 영어의 "fairy"는 apsaras에서 유래했다. 섹스피어는 A Midsummer Night's Dream(II.1,2)에서 요정이 인도와 연관되게 된 사정을 전하고 있다.

122) 다음과 같은 Mundaka Upanishad II.2.8과 비교하라. "지고의 신을 볼 때 마음의 모든 매듭이 풀어지고, 모든 의혹이 사라지고, 모든 업보가 없어진다."

123) 크리슈나는 새끼손가락으로 고바르단 산을 들어 올렸다고 한다.

124) 명상으로 호흡을 깨닫는 수행을 하면서 이런 경험을 겪기도 한다.

125) Atharva Veda III.24.5.

126) 불교에서 보살(Bodhisattva)은 자비의 원리를 나타낸다. 보살은 불멸의 깨달음에 이르렀으나, 자진해서 세상의 고통에 동참한다.

127) Parifata는 만물에 그늘을 드리우고, 소원을 충족시켜주는 낙원의 나무이다.

128) 이 비가 새는 쉼터가 우리의 몸이고, 은자가 영혼이다.

129) 우리의 모든 선한 행위와 악한 행위를 증언하는 내면의 심판자.

130) 이 시는 인도의 종교철학적인 서사시 Puranas에 나오는 Rantideva 왕의 이야기에 바탕을 두고 있다. 란티데바 왕이 대단히 고결한 생애를 살고 나서 천국으로 들어갈 때, 왕으로서 범한 어떤 작은 범죄로 인해 지옥을 지나쳐 가야 했다. 지옥의 거주자들은 그더러 지옥에 그대로 머무르라고 외쳐대다가, 그의 몸을 스치는 산들바람에서 고통이 크게 덜어지는 느낌을 느꼈다. 그는 자비의 마음에서, 천국의 사자들에게 자신은 천국에 가지 않고, 지옥에 머무르겠다고 말했다. 천국의 사자들이 인연법(因緣法)에 따라 천국에 가게 되어 있다고 주장하자 그는 지옥 거주자들의 고통을 덜어주기 위해 자신의 모든 선한 업보를 그들에게 나누어주었다.

131) 저자 자신의 경험에 바탕을 두고 있다.

132) Bhagavadgita XI.12, XV.12.

133) 이 문장 역시 창조와 소멸의 순환에 대해 언급한다.

134) 경건한 예배자들은 신성한 불이 타다 남은 재를 몸 여기저기에 바른다. 성인이 재를 은총의 상징으로 주는 경우도 있다. 일상적으로는 재의 수행 예식을 행하면서 다음과 같이 읊조린다. "불도 재요, 바람도 재요, 물도 재요, 땅도 재요, 허공도 재다. 이 세상 모든 것이 다 재다. 눈도, 마음도, 오감도 모두 재다." 재의 수요일(Ash Wednesday) 전통과 비교하라.

135) 우주를 지칭하는 산스끄리뜨 단어가 brahmanda, 즉 브라만의 알이다.

136) Rig Veda X.63.10을 보면 신들은 빛의 전차를 타고 다닌다고 한다. 구약성경 열왕기(하) II.11-12에 나오는 불의 전차와 비교하라.

스와미 라마
히말라야 성자들의 계승자

사다나 만디르 아쉬람(Sadhana Mandir Ashram)의 창시자인 스와미 라마는 인도 북부에서 태어나 일찍부터 어린 시절을 히말라야의 현자인 벵갈리 바바와 함께 보냈다. 그는 수도원에서 수도원으로 다니면서 티벳에서 멀리 떨어진 곳에 살던 그의 옛 스승을 포함하여 히말라야의 여러 성자와 현인들의 가르침을 받으며 공부를 하였다. 이런 열정적인 영적 수행에 매진하던 스와미 라마는 인도와 유럽 두 곳에서 보다 높은 차원의 교육을 받았다.

그는 수도승으로는 가장 높은 샹카라차리야(Shankaracharya) 지위에 올랐는데 히말라야 전통의 수행에 정진하기 위해 그 지위를 포기하였다. 그는 과학적인 실험에 자신이 직접 참가하는 과학자였으며 45권의 저서를 쓴 철학자, 시인, 건축가, 조각가이자 화가였다. 또한 인도 전통음악에 정통한 음악인이기도 했다.

1969년에 미국으로 건너가서 히말라야 협회를 설립한 스와미 라마는 그 후 인도 서북부 데라둔에 의료 도시를 건설하고 병원과 대학을 설립하여 의료 혜택을 베푼 박애가였다.

Swami Rama

스와미 라마는 수많은 제자들과 그들이 수행해야 할 많은 분량의 과제를 남기고 1996년 마하 사마디에 들었다. 생전에 영적 카리스마가 넘친 지도자였지만 어느 곳에서도 그의 동상을 찾아볼 수 없다. 그를 기억하는 많은 사람들은 그의 강렬한 카리스마적 사랑에 이끌려서 그가 길을 떼면 자신도 모르게 그의 뒤를 쫓는 자신들을 발견하곤 했다고 한다.

리쉬케쉬에 있는 그의 아쉬람에 가면 첫 번째 방문이라 하더라도 특별한 에너지를 경험하고 정신적 고요함에 이끌리는 영감을 받을 수 있다.

스와미 웨다 바라띠

스와미 웨다는 5,000년 역사의 산스끄리뜨어를 구사하는 철학자이다. 그는 9세 때 파탄잘리의 요가수뜨라 주석을 가르치기 시작했고 11세 때에 요가 경전을 가르쳤다.

그가 13살 되던 해, 여러 학자들이 경전에서 유래된 수많은 만뜨라의 해석 능력을 시험했는데 전혀 막힘없이 풀어냄으로써 그의 천재성을 드러내었다. 1952~1967년 사이에 그는 아프리카, 인도 서부와 세계 각지에서 여러 조직에 헌신하였다. 1967~1973년 사이에 그는 미국 미네소타 대학에서 산스끄리뜨 교수로 봉직하였으며 그 대학에서 최우수 교수상을 수상하였다.

1969년에 스승인 히말라야의 스와미 라마를 만난 후 특별한 입문을 받았는데,

Swami Veda Bharati

그 입문은 가장 높은 경지의 입문의식으로서 결혼한 사람에게 거의 주어지지 않는 것이었다.

그 후 그는 세계 각지에 명상 그룹과 명상센터를 세우기 시작하였다. 그 결과 현재까지 미국, 캐나다, 유럽, 남아프리카, 동남아시아, 한국, 말레이시아, 타이완, 싱가폴, 중남미 등에 센터가 건립되었다. 동양과 서양의 문헌에 통달한 그는 여러 나라의 명상센터에서 각자의 종교 전통에 맞춰서 수행할 수 있는 명상법, 역사 및 철학 등을 가르치고 있다.

영적 지도자이면서도 뛰어난 학자인 그는 연구서 및 시집을 출간할 뿐만 아니라 17개 국어를 구사하여 다양한 언어로 명상을 인도하고 있다. 그의 모든 지식은 요가 니드라 수행을 통한 직관에 의한 것으로서 이를 통해 그는 1965년부터 1967년까지 짧은 기간에 석사 및 박사 학위를 마칠 수 있었다.

1996년 그의 스승 스와미 라마께서 육체를 버리신 이후 스와미 웨다는 리쉬케쉬의 아쉬람 책임자로 승계되었고 또한 인도 북부, 데라둔에 25만평 부지에 세워진 히말라야 병원재단의 영적 지도자로 선임되었다.

1999년 3월 그는 인도의 30여명의 최정상 스와미 중의 한 사람으로서 마하만달

레쉬와라(Mahamandaleshwara) 칭호를 받았다. 영적 활동이나 학문적 활동 외에도 그는 구호재단인 'KHEL'을 창립하여 400여명의 음성 나환자 자녀들의 교육, 의료혜택 및 영양급식을 돕고 있다. 또한 스와미 웨다는 히말라야 가르침의 전통을 따르는 국제 조직인 아힘신(AHYMSIN: Association of Himalayan Yoga Meditation Societies International: 국제히말라야명상요가협회)의 영적 지도자이다. 이 전통의 수행을 원하는 사람이면 누구든지 이 조직을 통하여 영적 생활에 접근할 수 있다.

저서

Sayings(1분의 명상여행) 고진하 역, 꿈꾸는 돌 출판, 2004

Ritual Songs and Folksongs of the Hindus of Surinam

Super-conscious Meditation

Mantra and Meditation

God

Philosophy of Hatha-yoga

Meditation and the Art of Dying

Commentary on the Yoga-sutras of Patanjali, Vol. I

Samadhi-pada

The Light of Ten Thousand Suns : a collection of poetic and inspirational writing

국제히말라야명상요가 (아힘신)

AHYMSIN : Association of Himalayan Yoga Meditation Societies International

히말라야의 영적 지도자 스와미 웨다 바라띠는 1989년 12월 KIST의 교수 이종원 박사의 초청으로 처음 한국과 인연을 맺게 되었다. 1990년부터 한숙자 선생이 원주에서 밝음요가교실을 열고 히말라야 전통의 요가를 보급하기 시작하였다.

스와미 웨다는 그의 제자들과 함께 1999년부터 매년 한국을 방문하여 명상지도와 강의를 펴고 있다. 그가 엄선한 선생들이 세계 각지를 이동하면서 요가지도자 교육(TTP : Teacher Training Program)을 시행하고 있는데 이를 통해 유럽과 미국 등지에 체계적인 하타요가와 명상 교육이 보급되고 있는 중이다. 한국은 2001년 3월부터 시작하여 현재까지 성공적인 TTP 과정이 이루어지고 있다.

December, 1989	Dr.Arya의 한국 방문 - 만뜨라 입문 9명
Feb 26, 1990	Ms.Iliana De Gaint - Hatha Yoga Class
July, 1994	Catherine Park - Hatha Yoga Class
January, 1996	Dr.Choe, Helen Rishkesh Sadhana Mandir 방문
	- 박재원 학생들 6명 Mantra 입문
January, 1998	Yoga Week 2명 Mantra 입문
May 19-27, 1999	Swami Veda Bharatiji
	Ma Tapasia Bharatiji(Taiwan)
	Mayanne(USA)
	Camala(Singapore)
	- 60명 Mantra Initiation, Lecture 100여명
Dec 16-19, 2000	Swami Veda Bharatiji

	Wong Yoog Khuang(Singapore)
	Tejaswini(UK)
	− 5명 Mantra Initiation, Lecture 150여명
Mar 14−17, 2001	Pandit Ashtosh Sharma(India) − 150여명
Jan 3−9, 2002	Swami Veda Bharatiji
	Tejaswini
	− 16명 Initiate, Lecture 200여명
Mar 19−25, 2002	Pandit Ashtosh Sharma − 200여명
Apr 25−May 7, 2002	Dr.Anne Glazer(UK) − 100여명
Sep 19−28, 2003	Pandit Ananta(USA)
	Catherine Park(USA)
	T.T.P in Korea 23명 retreat. 일반인 50명
Sep 30−Oct 6, 2004	Swami Veda Bharatiji
	Paul Me Laughlin
	T.T.P in Korea Lecture
	− students 39명, 일반인(정강주, 곽승현 학생 등) 50명
Feb 14−26, 2005	T.T.P in Gurukulam − 인도 17명
Apr 28−May 8, 2005	Swami Veda Bharatiji
	Pandit Ananta
	Michael Smith, Linda
	− 만뜨라 입문 21명
	T.T.P in Korea Students 57명
	Feb T.T.P in India, Rishkesh 20명 참석
Sep 15−Oct 2, 2006	Swami Veda Bharatiji
	Maya Margo
	Pandit Ashutosh
	Dr.Stoma
	Pandit Ashtosh
	Mr.Daniel Predeaux
	− 만뜨라 입문 47명, T.T.P 94명 그 외 한국 요가계 지도자들과 학생들 200여명이 참석

스와미 라마에 의해 전수된 히말라야 전통의 요가와 명상은 세계적으로 활동 중인 그룹과 센터들이 많이 있다. 그의 제자 스와미 웨다 바라띠에 의해서 아힘신(AHYMSIN: Association of Himalayan Yoga Meditation Societies International: 국제히말라야명상요가협회)이라는 국제 기구가 조직되었고 한국에는 원주에 한국 지부가 설립되었다. 세계 각지에서 같은 기준으로 시행되는 히말라야 전통의 요가 지도자 교육(TTP)은 한국 지부를 통해서 접할 수 있다.

www.himalayayoga.org
E-mail helenwonju@empal.com
Tel. 033-748-2968